ENSAIOS
QUE FILOSOFAR É APRENDER A MORRER
E OUTROS ENSAIOS

Livros do autor na Coleção **L&PM** POCKET

Ensaios: Da amizade e outros ensaios
Ensaios: Que filosofar é aprender a morrer e outros ensaios

MONTAIGNE

ENSAIOS
QUE FILOSOFAR É APRENDER A MORRER
E OUTROS ENSAIOS

Tradução de Julia da Rosa Simões

www.lpm.com.br

Coleção **L&PM** POCKET, vol. 1213

Texto de acordo com a nova ortografia.
Título original: *Les Essais*

Primeira edição na Coleção **L&PM** POCKET: junho de 2016
Esta reimpressão: fevereiro de 2025

Tradução: Julia da Rosa Simões
Apresentação: Luís Augusto Fischer
Capa: Ivan Pinheiro Machado. *Ilustração*: pintura de Montaigne por autor anônimo
Preparação: Patrícia Rocha
Revisão: Patrícia Yurgel

CIP-Brasil. Catalogação na publicação
Sindicato Nacional dos Editores de Livros, RJ.

M762e

Montaigne, Michel de, 1533-1592
   Ensaios: Que filosofar é aprender a morrer e outros ensaios / Michel de Montaigne; tradução Julia da Rosa Simões. – Porto Alegre, RS: L&PM, 2025.
   240 p. : 18 cm.   (Coleção L&PM POCKET; 1213)

   Tradução de: *Les Essais*
   ISBN 978-85-254-3411-1

   1. Filosofia francesa. 2. Ensaios. I. Título.

16-32251   CDD: 194
                    CDU: 1(44)

© da tradução e notas, L&PM Editores, 2016

Todos os direitos desta edição reservados a L&PM Editores
Rua Comendador Coruja, 314, loja 9 – Floresta – 90.220-180
Porto Alegre – RS – Brasil / Fone: 51.3225.5777

Pedidos & Depto. Comercial: vendas@lpm.com.br
Fale conosco: info@lpm.com.br
www.lpm.com.br

Impresso no Brasil
Verão de 2025

Sumário

Apresentação – Tudo de contingente, tudo de
humano – *Luís Augusto Fischer* 7

Ensaios

Ao leitor 25

Livro primeiro
I – Por meios diversos se chega ao mesmo fim 29
II – Da tristeza 34
III – Nossas afeições se exaltam para além de nós 39
IV – Como a alma descarrega suas paixões
sobre objetos falsos, quando os verdadeiros
lhe faltam 49
V – Se o chefe de uma fortaleza sitiada deve sair
para parlamentar 52
VI – A perigosa hora das negociações 56
VII – Que a intenção julga nossas ações 59
VIII – Da ociosidade 61
IX – Dos mentirosos 63
X – Do falar imediato ou tardio 70
XI – Dos prognósticos 73
XII – Da constância 79
XIII – Cerimônia de encontro dos reis 83
XIV – São punidos aqueles que sem razão se
obstinam numa fortaleza 85

XV – Da punição da covardia 87
XVI – Uma característica de alguns embaixadores 89
XVII – Do medo 94
XVIII – Que só se deve julgar sobre nossa
  felicidade após a morte 98
XIX – Que filosofar é aprender a morrer 102
XX – Da força da imaginação 125
XXI – O lucro de um é o prejuízo de outro 139
XXII – Do costume, e de não mudar facilmente
  uma lei aceita 140
XXIII – Diversos resultados da mesma resolução 162
XXIV – Do pedantismo 175
XXV – Da educação das crianças 191

Apresentação
Tudo de contingente, tudo de humano

Luís Augusto Fischer*

De Montaigne e sua obra – um daqueles casos em que criador e criação são tomados em estreitíssima relação – se podem dizer coisas fortes, bombásticas e verdadeiras. O que ele é para a França e o pensamento francês, Sócrates foi para a Grécia e o pensamento grego. Foi também o primeiro escritor de textos não ficcionais, talvez o primeiro filósofo, no mundo cristão, a escrever sem dispor de outra força que não sua própria individualidade: não era clérigo, nem militar, nem professor, não representava uma corrente estabelecida de pensamento. Inaugurou um gênero de texto, o ensaio, abrindo caminho para toda uma vertente do pensamento leigo no Ocidente. Foi o primeiro a dizer como escritor o que pensava como homem.

Qualquer uma dessas afirmativas pode render muita reflexão e conversa, inclusive no meio acadêmico. Mas não é por isso que ele sobrevive e proporciona prazer intelectual até hoje. Como o leitor verá, a marca mais interessante do pensamento e do texto dos *Ensaios* é justamente sua independência, sua inventividade, sua liberdade, inclusive para ser contraditório, tomando temas os mais variados, elevados ou mundanos, e pensando sobre eles a partir de um ângulo estritamente pessoal, muitas vezes confessional.

---

* Escritor, ensaísta e professor de literatura brasileira da UFRGS. É autor, entre outros, de *Inteligência com dor: Nelson Rodrigues ensaísta* (Arquipélago, 2009).

Tão diferente, tão libertário, tão singular é, que o leitor encontra, na carta a ele destinada pelo autor, logo no pórtico da publicação, a desconcertante frase: "Assim, Leitor, sou eu mesmo a matéria de meu livro: não é razão para que empregues teu lazer em tema tão frívolo e vão".

Com todo o direito o leitor se perguntará o que isso significa. O autor o está expulsando da leitura? Não quer a presença do leitor, figura sem a qual não há sentido para o escrever?

Depois de passar o susto de ver-se quase destratado, o leitor respira e percebe que a frase tem dois movimentos, como aliás ocorre em geral no modo montaigniano de argumentar. Primeiro, assinala a estreita ligação entre o livro e o autor, registrando que o assunto do livro é o próprio autor, ligação nada corriqueira em livros de aspiração filosófica; segundo, afirma que, exatamente por isso, o livro não merece muita consideração, e o leitor pode ir em busca de atividade mais relevante. Um movimento de afirmação e de valorização da abordagem pessoal, contraposto a outro de negação, de desvalorização da pessoa que escreve.

Mas nem um, nem outro são propriamente verdadeiros. Não é a exata verdade dizer que o assunto é apenas a vida do autor, porque nos textos que publicou Montaigne examina muitos temas de interesse público, ainda que sempre a partir de sua vida pessoal; nem é total verdade que o autor desconsidere seus escritos, a ponto de julgá-los irrelevantes, senão nem os publicaria, nem os teria revisado e ampliado.

Montaigne e seus ensaios configuram, portanto, uma excelente contradição – que começa lá no remoto século XVI e alcança nossa época, para projetar-se, provavelmente, por todo o tempo em que houver gente pensando e vivendo, como nós.

Michel Eyquem de Montaigne viveu entre 1533 e 1592. Nasceu e morreu no castelo de Montaigne, perto de Bordeaux, no sudoeste da França. Eyquem era o sobrenome de seu bisavô paterno, Ramon, comerciante de peixes secos, corantes e vinhos, que enriqueceu e comprou uma propriedade rural, pequena mas suficiente para adotar o título "de Montaigne" – o nome da propriedade adquirida. O avô do escritor, Grimon, avançou no processo de ascensão social: o grupo familiar já tinha passado de burguês endinheirado a aristocrata da terra e com Grimon ganhava o requinte de ter um membro magistrado, que veio a ter filhos também bem-sucedidos. Um deles, Pierre, o primogênito, tornou-se militar destacado e depois desempenhou cargos administrativos de relevo na cidade de Bordeaux.

Pierre, pai de nosso ensaísta, foi o primeiro da família a nascer no castelo; adulto, casou-se com Antoinette de Louppes de Villeneuve, de Toulouse (descendente de espanhóis, talvez judeus convertidos), gente com história semelhante – burgueses enriquecidos, no caminho para aristocratizar-se. Michel não foi o primeiro filho a nascer – teve dois irmãos mais velhos, mortos com poucos anos de vida –, mas foi o primeiro a vencer a barreira da infância. Com os anos, veio a ter sete irmãos.

Michel foi o primeiro de sua linhagem a não mais ser relacionado com a origem burguesa. Seu pai, por melhor guerreiro e administrador público que tenha sido, era visto por aristocratas tradicionais como um *parvenu*, um novo-rico. Um desses conservadores referiu-se ao pai do escritor como "filho de vendedores de arenque". Michel, porém, já nasceu noutra condição – não apenas era rico, como também era visto como um verdadeiro aristocrata. Mas ele nunca mostrará postura arrogante em seus ensaios e nunca renegará sua história familiar;

pelo contrário, encontram-se em sua obra lições de tolerância e de visão aberta a mudanças, inclusive sociais.

Se tomarmos os *Ensaios* como o depoimento de vida que também são, não restam dúvidas sobre como foi a relação do escritor com os genitores: para o pai, ele tem só elogios e reconhecimento, enquanto a mãe quase não é citada. Sabe-se que a relação com esta foi tensa, marcada por confrontos e silêncios.

Do pai, lamentou não ter herdado a grande vitalidade física e a disposição guerreira; mas aprendeu e desenvolveu o gosto por andar a cavalo, atividade que lhe dava grande prazer, mesmo quando os cálculos renais começaram a aborrecê-lo. Tanto gostava de deslocar-se a cavalo que era sobre o lombo de um equino que mais confortavelmente refletia.

Pierre criou o filho de modo moderno. Proporcionou a Michel o aprendizado precoce do Latim, graças a um professor privado. O menino foi assim levado ao grande mundo da literatura antiga, que assimilou em profundidade – nos *Ensaios*, são citados profusamente autores dessa tradição, nunca de modo pernóstico, sempre como companheiros de pensamento, convocados para ajudar a refletir sobre os temas que colhia no mundo. Além disso, o pai lhe possibilitou ampla liberdade de comportamento e o aprendizado de artes aplicadas, tudo banhado em relacionamento marcado por carinho.

Michel pode não ter aprendido nada sobre o mundo da produção agrícola, nem ter desenvolvido qualquer gosto pela vida militar; em compensação, era feliz e inteligente. Também por causa das ideias do pai, conviveu com todos os extratos sociais, dos mais pobres e iletrados aos mais ricos e aos sofisticados intelectuais. Não é por nada que, nos *Ensaios*, defende um ensino diferente daquele a que eram submetidos os meninos e jovens da época, vítimas de disciplina rígida e professores brutos.

A família era católica, mas tanto Pierre quanto Michel nutriam simpatia por certas posições reformistas. Ou seja, além de ter sido criado para a liberdade de pensamento, o escritor teve no pai um exemplo de homem tolerante (que teria aprovado a conversão de dois filhos ao calvinismo), numa época e num contexto marcados pelas guerras de religião. No tempo de vida de Montaigne ocorreram as grandes mudanças no âmbito do cristianismo ocidental, incluindo a Reforma protestante, o Concílio de Trento e o começo da Contra-Reforma, que deram vida a várias modalidades de religiões ditas reformadas (luteranos, metodistas, anglicanos, quacres) e a uma série de iniciativas pelo lado católico (a Inquisição e o Tribunal do Santo Ofício, o bloqueio a interpretações dos textos sagrados, a expansão do catolicismo para a América do Sul).

O ponto extremo desses conflitos ocorreu em 1572, na chamada Noite de São Bartolomeu, um massacre de dezenas de líderes protestantes em Paris e alguns milhares de vítimas em várias cidades francesas, sob ordem dos reis franceses, católicos. Eram tempos de intolerância religiosa; mas foi também o tempo de nosso ensaísta, um temperamento conciliador que exercitou a tolerância e a compaixão.

Michel amava Paris. Chegou a escrever que se sentia francês por causa de Paris. Vale lembrar que ele nasceu e viveu numa província, falando cotidianamente o gascão, uma língua bem diferente do francês parisiense; numa de suas primeiras viagens a língua da capital lhe pareceu por assim dizer sem sal. Mas é para lá que viaja aos 17 anos, pensando em cursar a universidade. Mas não chegou a

APRESENTAÇÃO

cursar Direito em Paris, onde mesmo assim teria seguido alguns cursos; talvez tenha estudado Leis em Toulouse, onde viviam seus avós maternos e onde ele esteve várias vezes entre os 15 e os 27 anos. Mas o silêncio dos *Ensaios* a este respeito indica que não foi linear nem clara sua formação superior formal.

Por que não permaneceu em Paris, se a amava e lá se preparavam os filhos das elites francesas? Parece que o jovem Michel teve uma vida de excessos por lá, e teria sido chamado de volta pelos pais. (Na parte III dos *Ensaios*, ele lembraria a intensa vida sexual que teve, à qual não faltaram nem mesmo doenças venéreas.) De todo modo, aquele jovem aprendeu muito na grande capital, especialmente os conhecimentos sutis das relações sociais, da vida intelectualmente sofisticada, das tramas e dos jogos do poder: ninguém com a inteligência de Michel frequentaria salões e palácios em vão.

Também no que diz respeito aos sentimentos o escritor viveu num tempo distinto do nosso. Estávamos ainda longe do mundo romântico, que dois séculos depois inventou o amor como o conhecemos. Mesmo assim cabe a pergunta: terá ele amado as mulheres, aquelas com que se relacionou e outras, como sua esposa, Françoise? Há indicações em contrário, e os comentadores convergem na ideia de que ele conheceu apenas o amor por um amigo, Étienne de La Boétie. Parece improvável que tenha tido relações carnais com ele; é certíssimo que com ele viveu anos de profunda identificação espiritual. Conheceram-se em data imprecisa, entre 1557 e 1559, e despediram-se em 1563, quando da morte de La Boétie. Ao amigo – que muito jovem escrevera o notável *Discurso da servidão voluntária*, um libelo contra a tirania precursor da tese da desobediência civil –, Montaigne dedicou um de seus mais belos ensaios, "Da amizade".

Chegou a dizer que, se a morte do amigo não tivesse acontecido tão prematuramente, teria sido muito feliz em simplesmente conversar com ele sobre os temas que abordou nos textos. Durante essa amizade, Michel de Montaigne foi magistrado (espécie de juiz) em Bordeaux, de 1555 a 1571. Sobre essa experiência, deixou depoimentos interessantes: considerava o sistema de leis francesas uma confusão terrível e sempre buscava conciliação entre as partes. Foi neste período que casou-se (1565), herdou a propriedade do pai após a morte deste (1568), sofreu uma seriíssima queda do cavalo (1569), teve sua primeira filha (Antoinette, falecida aos dois meses de vida, em 1570, ano em que faz imprimir parte da obra de seu falecido amigo). A morte, de resto, é motivo de muitas reflexões contidas nos *Ensaios*, como no célebre "Que filosofar é aprender a morrer".

Retirado para a propriedade de Montaigne (que com o tempo aumentará por compra de terras adjacentes) no mesmo ano de 1571 em que nasce sua filha Léonor – a única de seis filhas a sobreviver à infância–, começa a redigir sua obra, isolado na torre de sua propriedade. Com isso, naquele momento se livrava "da escravidão dos cargos públicos". Mesmo assim, entre 1569 e 1572 recebe quatro honrarias e títulos nobilitantes que o elevam aos mais altos circuitos da nobreza francesa. A partir de 1578, começa a sofrer as mencionadas cólicas renais, que o levarão a viajar para estações de banho e cura.

Mas é em 1580 que de fato Michel de Montaigne nasce literariamente, com a publicação da primeira edição dos *Ensaios*, contendo os livros I e II. Impresso em Bordeaux, o volume será levado a Paris pelo autor. As repercussões são de certo porte: sabe-se que entre a nobreza culta foi significativa a leitura, e mesmo fora da

França seu texto é logo reconhecido – em 1581, durante a viagem que fez à Itália em busca de minorar suas dores, dialoga com um padre ligado à Inquisição, que faz ressalvas ao livro, sugerindo algumas mudanças, que não serão levadas em conta. Os diários dessa viagem são como que um esboço do livro III dos *Ensaios*, editado pela primeira vez em 1588.

O texto dos *Ensaios* nasceu e foi polido ao largo de duas décadas, entre 1572 e o fim da vida do autor, em 1592; o conjunto foi reeditado algumas vezes até sua morte, vindo a receber uma edição nova, aumentada e anotada, em 1595, já postumamente, contendo as correções e os acréscimos que Montaigne acumulara nas páginas de um exemplar. Foi redigido praticamente todo na biblioteca da torre, famosa e há tempos visitada por seus leitores, que não se cansam de admirar as frases inscritas nas traves de sustentação do teto daquela sala, em latim ou em grego, extraídas de leituras de sua predileção.

São marcas de um cético humanista, que ali não era totalmente fiel aos textos citados, porque os modificava, em favor de maior clareza ou para melhor expressarem o que ele pensava. Diante de seus olhos estavam sempre disponíveis frases como a de Terêncio, comediógrafo latino do século II a.C., este citado corretamente: "Sou homem, e nada do que é humano me é estranho". Ou como uma passagem do Eclesiastes, o livro bíblico, citada com bastante liberdade: "A sede de aprender, Deus deu ao homem para atormentá-lo".

O livro dos ensaios traz em si muita sabedoria, mas não está isento de contradições – aliás, é daí que tira sua energia. Para dar um exemplo, veja-se que há em suas páginas muito elogio à guerra e aos guerreiros, mas o autor admite que preferia a companhia dos livros.

A obra conhecerá muito prestígio após a morte do autor. Serão incessantes edições novas, muitas traduções, estudos, referências, intensa e extensa leitura por todo o mundo intelectual ocidental. Vale a pena registrar, porém, que o livro sofreu nas mãos da Inquisição, que o incluiu na famosa Lista dos Livros Proibidos em 1676, quase um século depois de editado.

Depois da primeira edição do livro, e em parte por causa da boa repercussão, Montaigne é designado prefeito de Bordeaux. Essa indicação aconteceu durante sua longa viagem à Itália, e não se pode dizer que ele tenha ficado desgostoso, por mais que fizesse questão de permanecer isolado em seu castelo, sempre que podia. Permaneceu quatro anos à testa da prefeitura da cidade, então de grande importância econômica e política.

Foi um militante da paz na região, mas não deixou de tomar posição, inclusive contra a Igreja Católica. Era contra a centralização fiscal de Paris, numa época em que a capital se afirmava como cabeça hipertrofiada de um vasto país. Em suma, Montaigne fez interesses coletivos se sobreporem a interesses individuais, numa visão descentralizante e humanista.

Saído da prefeitura, ele retornou a seu castelo, de onde saiu poucas vezes mais. Assistiu ao casamento da única filha a permanecer viva, Léonor, em 1590. Vem a morrer em 1592, aos 59 anos.

O texto que agora se pode ler dos *Ensaios* tem como base a edição de 1595, já com os aumentos e reparos do autor. São três livros, três conjuntos de textos, conforme aconteceram de ser escritos e editados em vida de Montaigne. No presente volume se publica a primeira metade do livro I, em nova tradução, mais fiel ao original do que famosa tradução brasileira de Sérgio Milliet, que abriu muitos parágrafos e atenuou a aspereza original na boa intenção de facilitar a leitura, mas ao preço de afastar-se muito do ritmo original, que aqui é respeitado. É preciso considerar que se trata de texto antigo: entre aquele momento histórico e hoje medeiam quatro séculos, nos quais se estabilizou e mudou a ortografia, assim como o sistema de pontuação das línguas ocidentais – e, é claro, muitas palavras tiveram seu significado alterado.

Mesmo assim, o texto permanece vivo e capaz de despertar leitores e debates. Por quê? Uma parte da resposta tem a ver com a natureza do texto e da filosofia por ele expressa. O autor não era um filósofo sistemático, interessado em formular conceitos e redes de noções com a intenção de capturar determinado objeto. Mesmo assim, muitas vezes é mencionado e estudado em histórias e coleções de filosofia. Se quisermos definir algo dos contornos do pensamento de Montaigne, podemos dizer com segurança que foi um sujeito e um pensador contra as convenções e o pedantismo, a favor da naturalidade e da vida feliz, o que incluía claramente o prazer do corpo, do sexo, assim como da amizade. Não tinha medo de contradizer-se e demostrar-se perplexo, pois não tinha receio de examinar suas reações ao que sucedia no mundo, com grande coragem.

Quem são as figuras de referência para Montaigne? Num levantamento feito no índice onomástico da edição mais rigorosa dos *Ensaios*, da Bibliothèque de la Pléiade, vê-se que Jesus Cristo aparece meras seis vezes e São Paulo outras seis (Santo Agostinho merece mais citações), enquanto Aristóteles, Catulo, Cícero, Demócrito, Epicuro, Juvenal, Lucano, Marcial, Ovídio, Platão, Plutarco e Sócrates são evocados dezenas de vezes; e Horácio, Lucrécio, Sêneca e Virgílio figuram como verdadeiros campeões de presença. É um verdadeiro cânone latino e grego, dando corpo a uma visada humanista quase totalmente pagã, ou ao menos não-religiosa, e apenas culturalmente cristã, marcada de ceticismo e ironia, sem qualquer menção a crença na vida eterna ou reverência para com convenções e hierarquias formais.

Os pensadores estoicos são parte essencial desse grupo, com sua visão materialista, desiludida, cética acerca das crenças redentoras e profundamente disposta a pensar sobre o que fazer para viver bem dentro das condições objetivas em que se vive. Em certo sentido, o estoicismo (sobretudo de Sêneca) combina uma visão não-idealizada da vida com o elogio da modéstia e da autocrítica. Sêneca, aliás, retomou ideias de Demócrito, figura muito apreciada por Montaigne, que lhe dedica o ensaio "De Demócrito e Heráclito". Tanto este pensador grego quanto Montaigne nada têm a ver com o modo acadêmico de ser – não reuniram discípulos, não procuraram reconhecimento social para seus escritos, não escreveram para fazer boa figura. Eram ambos amantes da solidão, radicalmente livres.

Num belíssimo comentário, Virginia Woolf observou que o ensaio, como gênero, pode falar de qualquer coisa, ter qualquer tamanho, transitar do abstrato ao concreto e vice-versa, pode enfim dispor da maior liberdade concebível, desde que seja bem escrito. E disse sobre os textos de Montaigne, definindo como que a essência do gênero por ele inventado: "Estes ensaios são uma tentativa de comunicar uma alma. A esse respeito ele é explícito. Não é fama o que ele quer; nem está interessado em vir a ser citado no futuro; ele não está erguendo estátua na praça pública; ele só quer comunicar uma alma".

Outro grande crítico literário, Erich Auerbach, comentou: "Comparados a ele, os grandes espíritos do século XVI – os promotores do Renascimento, do

Humanismo, da Reforma e da ciência que criaram a Europa moderna – são todos, sem exceção, especialistas. (...) Alguns se especializaram em várias áreas; Montaigne, em nenhuma". Um generalista, interessado no conjunto da vida, cheia de coisas estranhas, mas sempre humanas; um homem que despreza o racismo e abomina os castigos físicos, temas atuais ainda hoje.

Ensaio – este é o termo utilizado pelo autor para designar seus textos. A palavra "ensaio" já existia, para designar exercícios físicos (de dança, de espada) ou artísticos (como de instrumentos musicais). Também se chamava "ensaio" a missão de experimentar a comida dos reis e figuras poderosas, para ver se não estava envenenada ou estragada, e o ato de conferir a pureza dos metais e pedras preciosas.

Mas ninguém até então havia chamado seus textos com esse termo. De saída, somos postos em uma peculiar situação, como leitores: pois quem nomeia como *ensaio* o seu texto chama a atenção para o aspecto de *tentativa*, quer dizer, para algo marcado pelo provisório, pelo falível, assim como pela hipótese de revisar, de refazer o raciocínio, de reescrever o texto e a reflexão. Nada de definitivo, nada de eterno – tudo de contingente, tudo de humano. Podemos dizer que o autor não quer nem mesmo ter razão: o que ele quer, o que precisa fazer a cada texto, é expressar seu ponto de vista, que ele sabe ser um entre outros, neste mundo de relações infinitas e mudança constante.

Com que se parece esse texto? Que parentesco tem com outras modalidades de escrita? Há nele algo de memorialístico, assim como de cronístico, tanto no sentido de registro da história quanto no de texto breve publicado em jornal, como no Brasil viemos a ter a partir do século XIX e de que temos excelentes exemplos. Há nele algo dos moralistas, que comentavam a vida para definir e pregar padrões de conduta. Há muito de confessional, como ocorria em textos já então famosos, como de Santo Agostinho. Mas também há algo de filosófico mesmo, no sentido de que ali o pensador examina obsessivamente um assunto, iluminando-o de variados modos, para compreendê-lo da forma mais completa que consegue – mas com o detalhe de que o assunto é sempre abordado a partir das percepções estritamente pessoais do autor, em combinação com ampla erudição clássica. O resultado é peculiar, e bom como poucas outras obras escritas.

Se Montaigne tinha intimidade com os latinos e gregos, e se tinha sido de algum modo influenciado por pensadores como Maquiavel e Erasmo, não é menos verdade que sua obra se projeta no futuro como uma poderosa influência sobre uma extensa família de pensadores. Na França, sem Montaigne não teríamos um pensador como Descartes, e muito menos Pascal e Voltaire. Em língua inglesa, o termo francês *essai* transformou-se em *essay* e assim designou obras de importância central no pensamento, como os originais ensaístas do século XVIII (William Hazlitt, Matthew Arnold) e do século XIX (Emerson). Nietzsche deve a Montaigne parte de seu modo de pensar e escrever.

Alguns ensaios são sensacionais e merecem destaque. "Que filosofar é aprender a morrer", com seu título carregando toda uma tese sobre o sentido da vida, é um deles; "Da amizade" é uma celebração deste nobre sentimento; "Do pedantismo" ataca aqueles que arrotam erudição para fazer boa figura – e diz muito acerca de certo traço pernóstico brasileiro, do doutor que faz questão de ser tratado diferentemente da massa. (Nossos melhores cronistas, aliás, foram escritores que, como Montaigne, tiraram a gravata da linguagem escrita para falar da vida diária: Machado de Assis, Rubem Braga, Paulo Mendes Campos, e mais ainda Nelson Rodrigues, Paulo Francis, Ivan Lessa e Luis Fernando Verissimo formam fila na tribo de seus herdeiros.)

Em "Dos canibais", Montaigne dá um exemplo extremo de capacidade crítica, ao relativizar o eurocentrismo, tão entranhado quanto invisível para os europeus, sobretudo daquele tempo. Depois de ver ao vivo alguns índios sul-americanos, aliás brasileiros, em Rouen, o ensaísta faz uma autocrítica e sublinha valores positivos naqueles "selvagens". Montaigne sabia sair de seu conforto, de sua visão de mundo, para observar o espetáculo da vida humana a partir do ponto de vista do outro, neste caso um outro radical, o nativo do chamado Novo Mundo, canibal e iletrado, mas dotado de uma vitalidade e de um estilo de vida de dar inveja.

Nas palavras de um de seus biógrafos, Jean Lacouture, Montaigne foi o "inventor de uma filosofia do real em movimento", do real como coisa nunca estática, como uma experiência fluente, que nos transforma e nos faz ser o que somos. Montaigne é um dos nossos.

Bibliografia

De Montaigne

Les Essais. Édition établie par Jean Balsamo, Michel Magnien et Catherine Magnien-Simoni. Paris: Gallimard, 2007. Bibliothèque de La Pléiade.

Journal de voyage, Lettres Éphémerides et Sentences de la Bibliothèque. Mis en français moderne et présentés par Claude Pinganaud. Paris: Arléa, 2006.

Sobre Montaigne e o Ensaio

AUERBACH, Erich. "O escritor Montaigne", em *Ensaios de literatura ocidental*. Trad. Samuel Titan Jr. e José Marcos Mariani de Macedo. São Paulo: Livraria Duas Cidades/Editora 34, 2007.

BURKE, Peter. *Montaigne*. Trad. Jaimir Conte. São Paulo: Loyola, 2006.

FISCHER, Luís Augusto. *Inteligência com dor – Nelson Rodrigues ensaísta*. Porto Alegre: Arquipélago, 2009.

GINZBURG, Carlo. "Montaigne, os canibais e as grutas" em *O fio e os rastros*. Trad. Rosa Freire d'Aguiar e Eduardo Brandão. São Paulo: Cia. das Letras, 2007.

LACOUTURE, Jean. *Montaigne a cavalo*. Trad. F. Rangel. Rio de Janeiro: Record, 1998.

STAROBINSKI, Jena. *Montaigne em movimento*. Trad. Maria Lúcia Machado. São Paulo: Cia. das Letras, 1992.

WOOLF, Virginia. "Montaigne" em *A woman's essays*. Londres: Penguin Books, 1992.

ENSAIOS

de Michel Seigneur de Montaigne

Edição nova,
encontrada depois da morte do autor,
revista e aumentada por ele em um terço
em relação às impressões anteriores

Em Paris,
Abel L'Angelier, no primeiro pilar
da grande sala do Palácio

MDXCV

COM PRIVILÉGIO

AO LEITOR

Eis aqui um livro de boa-fé, Leitor. Ele te adverte, desde o início, que nele não me propus outro fim que o doméstico e privado. Nele não tive consideração alguma por tua serventia nem por minha glória; minhas forças não são capazes de tal propósito. Dediquei-o ao uso particular de meus parentes e amigos, a fim de que, tendo-me perdido (o que em breve terão que fazer), possam nele encontrar alguns traços de minhas qualidades e humores, e com isso conservem mais completo e vivo o conhecimento que tiveram de mim. Se fosse para buscar os favores do mundo, eu me teria enfeitado com belezas emprestadas. Quero que aqui me vejam em minha maneira simples, natural e comum, sem estudo e artifício; pois é a mim que pinto. Meus defeitos, minhas imperfeições e minha compleição inata serão lidos a cru, tanto quanto a decência pública me permitiu. Pois, se eu estivesse entre aquelas nações que, diz-se, ainda vivem sob a doce liberdade das primeiras leis da natureza, garanto-te que me teria de bom grado pintado por inteiro, e a nu. Assim, Leitor, sou eu mesmo a matéria de meu livro: não é razão para que empregues teu lazer em tema tão frívolo e vão. A Deus, portanto. De Montaigne[1], nesse 1º de março de 1580.

---

1. Trata-se do castelo e da terra recebidos de herança por Montaigne à morte de seu pai, nome que foi o primeiro a adotar. (N.E.)

LIVRO PRIMEIRO

Capítulo I
Por meios diversos se chega ao mesmo fim

A maneira mais comum de amolecer os corações daqueles a quem ofendemos, quando, tendo a vingança em mãos, eles nos têm à sua mercê, é levá-los à comiseração e à piedade, submetendo-nos. No entanto, a bravura, a constância e a resolução, meios em tudo opostos, por vezes produziram o mesmo efeito. Eduardo, Príncipe de Gales, que governou por tanto tempo nossa Guiena, personagem cujas condições e fortuna têm muito de notável grandeza, tendo sido bastante ofendido pelos limosinos e tomando sua cidade à força, não pôde ser contido pelos gritos do povo, das mulheres e das crianças entregues à carnificina, que lhe clamavam por piedade e se jogavam a seus pés; até que, continuando sua passagem pela cidade, ele percebeu três fidalgos franceses que, com inacreditável ousadia, resistiam sozinhos ao esforço de seu exército vitorioso. A consideração e o respeito por tão notável virtude primeiro embotaram o gume de sua cólera; e começou, por esses três, a conceder misericórdia a todos os demais habitantes da cidade. Skanderbeg, Príncipe do Épiro, seguindo um de seus soldados para matá-lo, e, tendo procurado por toda sorte de humildade e súplica apaziguá-lo, esse soldado tomou a decisão extrema de esperá-lo com a espada em punho; essa resolução fez cessar de súbito a fúria de seu mestre, que, por tê-lo visto tomar tão honrosa atitude, concedeu-lhe perdão. Esse exemplo poderá receber outra interpretação daqueles que não tiverem lido sobre a prodigiosa força e valentia desse príncipe. O imperador Conrado III, tendo sitiado Guelfo, duque da Baviera, não quis condescender com condições mais suaves, apesar das vis e covardes reparações que lhe foram oferecidas, do que permitir apenas às mulheres dos fidalgos que estavam sitiadas com o duque saírem com a honra salva, a pé, com o que conseguissem levar consigo. Elas, com coração magnânimo, ousaram carregar nos ombros seus maridos, seus filhos e o próprio duque. O imperador ficou tão satisfeito de ver a nobreza de seus corações que chorou de alegria e aplacou toda a amarga inimizade mortal e capital que sentira por aquele duque; a partir de então, tratou com humanidade a ele e aos seus. Um e outro desses dois meios me venceriam facilmente, pois tenho maravilhosa fraqueza pela misericórdia e pela indulgência. Tanto é assim que, a meu ver, eu cederia mais naturalmente à compaixão do que à estima. No entanto, a piedade é paixão viciosa para os estoicos: eles querem que socorramos os aflitos, mas não que nos comovamos e compadeçamos deles. Ora, esses exemplos me parecem mais pertinentes assim que consideramos as almas acossadas e testadas por esses dois meios, resistindo a um sem se abalar, e se curvando ao outro. Pode-se dizer que ceder o coração à comiseração é efeito de leviandade, complacência e frouxidão; de onde resulta que as naturezas mais fracas, como as das mulheres, das crianças e do vulgo, a elas estão mais sujeitas. Mas (tendo sentido desdém por lágrimas e choros) render-se somente à reverência da santa imagem da virtude é efeito de uma alma forte e implacável, com estima e consideração por um vigor másculo e obstinado. Todavia, em almas menos generosas, o espanto e a admiração podem fazer nascer semelhante efeito; testemunha disso é o povo tebano, que, tendo feito acusação capital em juízo a seus capitães, por terem continuado no cargo além do tempo que lhes fora prescrito e preordenado, hesitou muito em absolver

Pelópidas, que se curvara sob o peso de tais objeções e para se defender recorria apenas a pedidos e súplicas. O contrário fez Epaminondas, que expôs magnificamente as coisas por ele feitas e recriminou-as de maneira orgulhosa e arrogante ao povo, que, além de não ter coragem de pegar as fichas de votação, se dispersou, a assembleia louvando grandemente a nobreza da coragem daquele personagem. Dionísio, o Velho, tendo tomado a cidade de Reggio depois de delongas e dificuldades extremas, e com ela o capitão Fíton, grande homem de bem que a defendera com tanta obstinação, quis disso fazer um trágico exemplo de vingança. Disse-lhe primeiramente que, no dia anterior, afogara seu filho e todos os de seu parentesco. Ao que Fíton respondeu apenas que eles eram um dia mais felizes do que ele. Depois o fez ser despido, agarrado por carrascos e arrastado pela cidade, chicoteando-o de maneira ignominiosa e cruel; além disso, acusando-o com palavras pérfidas e injuriosas. Mas Fíton demonstrou coragem sempre constante, sem se perder. Com rosto firme, foi, ao contrário, rememorando em voz alta a honorável e gloriosa causa de sua morte, por não querer entregar sua terra nas mãos de um tirano, ameaçando-o com a vindoura punição dos deuses. Dionísio, lendo nos olhos de sua soldadesca que, em vez de se inflamar com as bravatas do inimigo vencido e com o desprezo por seu chefe e seu triunfo, fraquejava ante a surpresa de tão rara virtude, deliberava amotinar-se e mesmo arrancar Fíton das mãos de seus oficiais, fez cessar o martírio; às escondidas, enviou-o para ser afogado no mar. Por certo o homem é tema maravilhosamente vão, diverso e ondulante; é difícil estabelecer um julgamento constante e uniforme sobre ele. Eis Pompeu, que perdoou toda a cidade dos mamertinos, contra a qual estava muito inflamado, em consideração à virtude e à magnanimidade do cidadão Zenão, que assumiu sozinho o erro público, e não pediu outra graça além de sofrer sozinho a pena por este. O anfitrião de Sila, tendo demonstrado na cidade de Perúgia semelhante virtude, nada obteve, nem para si, nem para os demais. Contrariando diretamente meus primeiros exemplos, Alexandre, o mais audacioso dos homens, e tão benevolente para com os vencidos, tendo tomado, após grandes dificuldades, a cidade de Gaza, encontrou-se com Bétis, que a comandava, de cujo valor, durante o cerco, ele tivera provas maravilhosas e que estava sozinho, abandonado pelos seus, com as armas despedaçadas, todo coberto de sangue e chagas, ainda combatendo no meio de vários macedônios, que o atacavam de todos os lados, e lhe disse, irritado com vitória tão dispendiosa (pois, entre outros prejuízos, recebera dois novos ferimentos): "Não morrerás como quiseste, Bétis. Saiba que sofrerás todos os tipos de tormentos que poderão ser inventados a um cativo". O outro, com semblante não apenas confiante, mas insolente e altaneiro, se manteve sem dizer uma palavra a essas ameaças. Então Alexandre, vendo aquela obstinação em manter-se calado: "Dobrou ele um joelho? Escapou-lhe alguma voz suplicante? Com certeza vencerei esse silêncio; e se eu não conseguir arrancar-lhe uma palavra, arrancarei pelo menos um gemido". Sua cólera virando raiva, ordenou que lhe perfurassem os calcanhares e assim, vivo, o fez arrastar, dilacerar e desmembrar puxado por uma carroça. Seria porque a força da coragem lhe fosse tão natural e comum, que, sem admirá-la, ele a respeitava menos ainda? Ou porque a considerasse tão propriamente sua que, com essa altivez, não suportava vê-la em outro, sem o despeito de uma paixão invejosa? Ou porque a impetuosidade natural de sua cólera fosse incapaz de encontrar oposição? Na verdade, se ela tivesse sido refreada, é de crer que o mesmo teria ocorrido na tomada e destruição da cidade de Tebas, ao ver passar cruelmente pelo fio da espada tantos homens bravos, perdidos, e sem possibilidade de defesa pública. Pois foram mortos bem seis mil, dos quais nenhum foi visto fugindo nem pedindo misericórdia. Pelo contrário, procuravam aqui e ali, pelas ruas, enfrentar os inimigos vitoriosos, provocando-os a dar-lhes uma morte honrosa. Nenhum foi visto que não tentasse em seu último suspiro ainda vingar-se, e com as armas do desespero consolar a própria morte com a morte de algum inimigo. Alexandre não encontrou na aflição daquelas virtudes qualquer piedade, e a duração de um dia não bastou para saciar sua vingança. Essa carnificina durou até a última gota de sangue a derramar, e só cessou nos desarmados, velhos, mulheres e crianças, para deles fazer trinta mil escravos.

Capítulo II
Da tristeza

Sou dos mais desprovidos dessa paixão, e não a amo nem estimo, apesar de o mundo ter decidido, como se seu valor tivesse sido previamente estabelecido, honrá-la com especial favor. Com ela revestem a sabedoria, a virtude, a consciência. Tolo e indigno ornamento. Os italianos mais adequadamente batizaram com seu nome a maldade.[1] Pois se trata de uma qualidade sempre nociva, sempre insensata; e como sempre é covarde e baixa, os estoicos proíbem a seus sábios senti-la. Mas a história diz que Psamênito, rei do Egito, tendo sido derrotado e capturado por Cambises, rei da Pérsia, ao ver passar diante de si a filha prisioneira, vestida como serva, que enviavam para buscar água, manteve-se quieto sem dizer palavra, com os olhos fixos no chão, enquanto todos os seus amigos choravam e lamentavam em volta; e ao ver ainda que levavam seu filho à morte, manteve-se na mesma continência; mas, ao perceber um de seus serviçais conduzido entre os cativos, começou a bater a cabeça e a manifestar dor extrema. Isso poderia se equiparar ao que vimos recentemente com um príncipe nosso, que, tendo ouvido em Trento, onde estava, notícias da morte do irmão mais velho, um irmão em quem residia o suporte e a honra de toda sua casa, e isso logo depois da morte de um irmão mais novo, sua segunda esperança, aguentou esses dois fardos com constância exemplar. Quando, alguns dias depois, um de seus homens veio a morrer, ele se deixou abater por esse último infortúnio;

---

1. A palavra italiana *tristezza* de fato também significa *malvagità* (malvadez) ou *atto malvagio* (maldade). (N.E.)

e, abandonando sua resolução, entregou-se à dor e às lamentações, de forma que alguns alegaram que ele só fora tocado profundamente por este último abalo. Mas na verdade ocorreu que, estando cheio e coberto de tristeza, a menor sobrecarga quebrou as barreiras de sua resistência. Seria possível (digo eu) considerar do mesmo modo nossa história, se não se acrescentasse a ela que Cambises perguntou a Psamênito por que, apesar de não se comover com a desgraça do filho e da filha, ele suportava com tanta sofreguidão a dos amigos. "Porque", respondeu ele, "apenas esse último desgosto pode ser manifesto em lágrimas, os dois primeiros superam de longe qualquer possibilidade de se poder expressá-los." Sem dúvida seria lembrado, a propósito disso, o artifício do pintor antigo, que representou no sacrifício de Ifigênia o pesar dos presentes, segundo os graus de dor que cada um manifestava com a morte da bela e inocente jovem; tendo esgotado os últimos esforços de sua arte, ao chegar o pai da virgem, pintou-o com o rosto coberto, como se nenhum comportamento pudesse representar seu grau de luto. É por isso que os poetas representam a miserável mãe Níobe, que primeiro perdeu sete filhos, e na sequência o mesmo número de filhas, sobrecarregada de perdas, tendo sido por fim transmudada em rocha,

diriguisse malis[1]:

para expressar esse taciturno, mudo e surdo estupor, que nos fulmina quando os reveses nos esmagam acima de nossas forças. Na verdade, a violência de um desgosto, para ser extrema, precisa abalar toda a alma e impedir-lhe a liberdade de ação; como nos acontece ao exaltado

---

1. "Ter sido petrificada de dor", Ovídio, *Metamorfoses*, VI, 304. (N.E.)

alarme de uma notícia muito ruim, ao nos sentirmos surpreendidos, transidos e como que privados de movimento; de maneira que a alma, depois se soltando em lágrimas e lamentações, parece se libertar, se desenredar e se pôr mais solta e à vontade.

Et via vix tandem voci laxata dolore est.[1]

Na guerra que o rei Fernando empreendeu contra a viúva do rei João, da Hungria, nos arredores de Buda, um soldado foi particularmente notado por ambos, por ter se portado excessivamente bem em certo conflito; desconhecido, altamente louvado, foi lamentado por não ter voltado, mas por ninguém mais que Raisciac, senhor alemão, entusiasmado com tão rara virtude. Tendo o corpo sido recolhido, este com simples curiosidade se aproximou para ver quem era e, à retirada da armadura do morto, reconheceu seu filho. Isso aumentou a compaixão dos presentes; ele, sem nada dizer, sem piscar, se manteve de pé, contemplando fixamente o corpo do filho; até que a veemência da tristeza, tendo vencido seus espíritos vitais, o fez cair morto no chão.

Chi puo dir com' egli arde è in picciol fuoco[2],

dizem os apaixonados, que querem representar uma paixão insuportável.

misero quod omnes
Eripit sensus mihi. Nam simul te
Lesbia aspexi, nihil est super mî

---

1. "E a grandes penas finalmente a dor abriu passagem à sua voz", Virgílio, *Eneida*, XI, 151. (N.E.)
2. "Quem pode dizer a que ponto queima está em fogo baixo", Petrarca, *Canzioniere*, CLXX, 14. (N.E.)

Quod loquar amens.
Lingua sed torpet, tenuis sub artus
Flamma dimanat, sonitu suopte
Tinniunt aures, gemina teguntur
Lumina nocte.[1]

Assim, não é no vivo e mais agudo calor do momento que estamos aptos a manifestar nossas queixas e convicções; a alma está então sobrecarregada por pensamentos profundos, e o corpo abatido e lânguido de amor. Disso às vezes se engendra o desfalecimento fortuito, que surpreende os apaixonados tão inoportunamente; e este gelo que os invade com a força de um ardor extremo, no próprio âmago do prazer. Todas as paixões que se deixam provar e digerir são apenas medíocres,

Curae leves loquuntur, ingentes stupent.[2]

A surpresa de um prazer inesperado nos assombra da mesma maneira.

Ut me conspexit venientem, et Troïa circùm
Arma amens vidit, magnis exterrita monstris,
Diriguit visu in medio, calor ossa reliquit,
Labitur, et longo vix tandem tempore fatur.[3]

---

1. "Pobre de mim, o amor me arrebata o uso de todos os meus sentidos. Pois recém te percebi, Lesbia, e perco a voz e o espírito. Minha língua se paralisa, um fogo sutil se espalha por meus membros, meus ouvidos zumbem, e a noite cobre meus dois olhos", Catulo, LI, 5-12. (N.E.)
2. "As dores leves são falantes, as grandes, mudas", Sêneca, *Hipólito*, II, iii, 607. (N.E.)
3. "Assim que me viu me aproximar, cercado por armas troianas, ela perdeu a razão, assustada por esse grande prodígio, e se petrificou ao primeiro olhar; congelada até as moelas, ela vacilou, só reencontrou a palavra depois de um bom tempo", Virgílio, *Eneida*, III, 307-310. (N.E.)

Além da mulher romana, que morreu surpreendida pela satisfação de ver o filho voltar da derrota em Cannes, além de Sófocles e Dionísio, o Tirano, que morreram de satisfação, e de Talva, que morreu na Córsega lendo as notícias de honrarias que o Senado de Roma lhe havia concedido, temos em nosso século que o papa Leão X, tendo sido avisado da tomada de Milão, que havia desejado ao extremo, entrou em tal excesso de alegria que foi acometido de febre, e dela morreu. Para um mais notável testemunho da fraqueza humana, foi observado pelos antigos que Diodoro, o Dialético, morreu subitamente, tomado de extrema vergonha, por não conseguir, em sua escola e em público, desenvolver um argumento que lhe haviam apresentado. Sou pouco tomado por essas violentas paixões. Tenho a sensibilidade naturalmente dura; e embruteço-a e adenso-a todos os dias pela reflexão.

Capítulo III
Nossas afeições se exaltam para além de nós

Aqueles que acusam os homens de sempre serem obcecados pelas coisas futuras[1] e ensinam a nos apoderarmos dos bens presentes e a nos assentarmos neles, por não termos como agir sobre o que está por vir, inclusive ainda menos do que temos sobre o que é passado, aludem ao mais comum dos erros humanos; se é que ousam chamar de erro coisa a que a própria natureza nos encaminha, a serviço da continuação de sua obra, imprimindo em nós, como muitas outras, essa imaginação falsa, mais ciosa de nos levar à ação do que à aquisição do saber. Nunca estamos em nosso lugar, sempre estamos mais adiante. O temor, o desejo, a esperança nos puxam para o futuro e nos furtam o sentimento e a consideração por aquilo que é, para nos divertir com o que será, inclusive quando não existirmos mais. *Calamitosus est animus futuri anxius.*[2] Esse grande preceito é várias vezes invocado em Platão, "Faz teu feito, e conhece-te". Cada uma dessas duas partes geralmente envolve todo nosso dever, e da mesma forma seu complemento. Quem tivesse que fazer seu feito veria que sua primeira lição é conhecer a si mesmo, o que lhe é próprio. E quem se conhece não toma mais o feito estranho como sendo seu; ele se ama e cultiva antes de qualquer coisa, recusa as ocupações supérfluas e os pensamentos e propósitos inúteis. Da mesma forma que

---
1. Ou seja, os epicuristas. (N.E.)
2. "Miserável é o espírito obcecado pelo futuro", Sêneca, *Cartas a Lucílio*, XCVIII, 6. (N.E.)

a loucura não se contentará quando concedermos o que ela deseja, a sabedoria se contenta com o que é presente, nunca se desagrada de si. Epicuro dispensa o sábio da previdência e da preocupação com o futuro. Entre as leis que concernem os mortos, me parece muito sólida a que obriga as ações dos príncipes a serem examinadas depois da morte. Eles são companheiros, se não mestres das leis; o que a Justiça não pôde sobre suas cabeças é razoável que possa sobre sua reputação e os bens de seus sucessores, coisas que muitas vezes preferimos à vida. Trata-se de um costume que traz singulares conveniências às nações onde é observado, desejável a todos os bons príncipes, que têm a lamentar que a memória dos maus seja tratada como a deles. Devemos sujeição e obediência igualmente a todos os reis, pois elas são devidas a seu ofício; mas a estima, não mais que a afeição, somente a devemos à sua virtude. Concedamos, pela ordem política, suportá-los pacientemente quando indignos, encobrir seus vícios, ajudar com nossas recomendações quaisquer ações suas, enquanto sua autoridade precisar de nosso apoio. Mas, finda nossa relação, não há razão para recusar à justiça, e à nossa liberdade, a expressão de nossos verdadeiros sentimentos. E especialmente para recusar aos bons súditos a glória de ter servido com reverência e fidelidade a um mestre cujas imperfeições lhes eram tão bem conhecidas, privando a posteridade de tão útil exemplo. Aqueles que, por respeito a alguma obrigação privada, abraçam iniquamente a memória de um príncipe condenável, fazem justiça particular às custas da justiça pública. Tito Lívio diz a verdade, que a linguagem dos homens criados sob a realeza é sempre cheia de vãs ostentações e falsos testemunhos, cada um indistintamente elevando seu rei ao máximo de valor e grandeza soberana. Pode-se reprovar a magnanimidade dos dois soldados que responderam nas barbas de Nero, um deles ao ser perguntado por que lhe queria mal: "Eu te amava quando tinhas valor, mas desde que te tornaste parricida, incendiário, comediante, cavaleiro, eu te odeio, como mereces". O outro, por que lhe queria matar: "Porque não encontro outro remédio para teus contínuos malefícios". Mas os públicos e universais testemunhos que depois de sua morte foram feitos, e o serão para todo o sempre, a ele e a todos os maus como ele, sobre seus tirânicos e vis excessos, quem em sã consciência pode reprová-los? Desagrada-me que em tão perfeita organização política quanto a Lacedemônia se tenha imiscuído uma cerimônia tão falsa à morte dos reis. Todos os confederados e vizinhos, e todos os ilotas, homens, mulheres, confusamente se cortavam a fronte, como testemunho de luto, e diziam em seus gritos e lamentações que aquele, quem quer que tivesse sido, era o melhor de seus reis, atribuindo à posição o louvor que cabia ao mérito, e o que cabia ao primeiro mérito, à última e derradeira posição. Aristóteles, que esquadrinha todas as coisas, questiona-se sobre as palavras de Sólon, de que ninguém antes de morrer pode ser chamado de feliz, e se aquele que viveu e morreu conforme queria pode ser chamado de feliz mesmo quando sua reputação é ruim e quando sua posteridade é lamentável. Enquanto nos movemos, vamos por antecipação aonde nos apraz; mas, estando fora do ser, não temos qualquer comunicação com o que existe. Seria melhor Sólon dizer que o homem, portanto, nunca é feliz, pois só o é depois que não é mais.

Quisquam
Vix radicitus è vita se tollit, et ejicit:

Sed facit esse sui quiddam super inscius ipse,
Nec removet satis à proiecto corpore sese, et
Vindicat.[1]

Bertrand Du Guesclin morreu no cerco ao castelo de Randon, perto de Puy, na Auvergne; os sitiados, tendo se rendido depois, foram obrigados a carregar as chaves da praça-forte sobre o corpo do morto. Bartolomeo d'Alviano, general do exército dos venezianos, tendo morrido no serviço de suas guerras na Bréscia e tendo seu corpo sido levado a Veneza passando por Verona, terra inimiga, a maior parte do exército era de opinião que se pedisse aos veronenses salvo-conduto para a passagem, mas Teodoro Trivulzio foi de opinião contrária, e escolheu antes passar à força, correndo o risco de combater; não era conveniente, dizia ele, que aquele que em vida jamais tivera medo dos inimigos, estando morto desse demonstração de temê-los. Na verdade, em coisa semelhante, pelas leis gregas, aquele que pedia ao inimigo um corpo para inumá-lo renunciava à vitória, e não lhe era mais permitido erguer troféus por ela; aquele a quem era requerido, cabia o título de vencedor. Assim perdeu Nícias a vantagem que claramente ganhara sobre os coríntios, e, pelo contrário, Agesilau garantiu aquela muito duvidosamente adquirida sobre os beócios. Tais manifestações poderiam parecer estranhas se não fosse admitido desde sempre não apenas estender o cuidado conosco para além desta vida, mas ainda acreditar que muitas vezes os favores celestes nos acompanham ao túmulo e passam a nossos restos mortais.

---

1. "Penamos para nos desenraizarmos da vida, nos arrancarmos dela, e, sem nem nos darmos conta, imaginamos que algo acontece conosco, não tomamos distância suficiente em relação ao corpo que abandonamos, ainda o reivindicamos", Lucrécio, III, 877-878 e 882. (N.E.)

Disso há tantos exemplos antigos, deixando de lado os nossos, que não é necessário eu neles me deter. Eduardo I, rei da Inglaterra, tendo verificado durante as longas guerras entre ele e Roberto, rei da Escócia, o quanto sua presença dava vantagem a seus assuntos, trazendo sempre a vitória ao que ele empreendia em pessoa, ao morrer obrigou seu filho, em juramento solene, a que depois de sua morte este mandasse ferver seu corpo para desprender dos ossos a carne, que mandasse enterrar. Quanto aos ossos, que os reservasse para carregar consigo, e com seu exército, todas as vezes que lhe acontecesse entrar em guerra com os escoceses; como se o destino tivesse fatalmente ligado a vitória a seus membros. Jan Žižka, que perturbou a Boêmia para defender os erros de Wycliffe, queria que o esfolassem depois da morte, e queria que fizessem com sua pele um tamborim para ser levado à guerra contra os inimigos, julgando que isso ajudaria a manter as vantagens que tivera nas guerras por ele conduzidas contra eles. Alguns índios também carregavam para o combate contra os espanhóis os ossos de um de seus capitães, em consideração à boa sorte que ele tivera em vida. Outros povos nesse mesmo mundo carregam para a guerra os corpos dos homens valentes que morreram em suas batalhas para que sirvam de boa fortuna e encorajamento. Os primeiros exemplos reservam ao túmulo apenas a reputação adquirida por ações passadas; mas ainda querem a elas mesclar o poder de agir. De melhor elaboração é o feito do capitão Bayard, que, se sentindo ferido de morte por um arcabuz e aconselhado a se retirar da batalha, respondeu que não começaria, perto do fim, a virar as costas ao inimigo; e tendo combatido enquanto teve forças, sentindo-se desfalecer e cair do cavalo, ordenou a seu escudeiro que o deitasse ao pé de uma árvore, mas de maneira que ele morresse com o rosto voltado para o inimigo, o que foi feito. Preciso acrescentar este outro exemplo, mais notável para essa consideração que qualquer dos precedentes. O imperador Maximiliano, bisavô do rei Filipe, que o é agora, era príncipe dotado de muitas e grandes qualidades, dentre as quais uma singular beleza de corpo. No entanto, entre suas características, havia uma bastante oposta à dos príncipes, que para despachar os assuntos mais importantes fazem do trono sua privada; jamais teve criado de quarto, por mais íntimo que fosse, a quem permitisse vê-lo no banheiro. Ele se escondia para urinar, escrupuloso como uma virgem em não mostrar nem a um médico, nem a quem quer que fosse, as partes que nos acostumamos a manter escondidas. Eu, que tenho a boca tão insolente, sou, no entanto, por compleição, afetado da mesma vergonha. Salvo por grande força de necessidade ou volúpia, não revelo aos olhos de ninguém os membros e ações que nosso costume ordena ficarem cobertos. Sinto nisso mais constrangimento do que considero conveniente a um homem, sobretudo a um homem de minha profissão. Mas Maximiliano chegou a tal superstição que ordenou expressamente em seu testamento que lhe vestissem calções quando morresse. Ele deveria ter acrescentado em codicilo que aquele que os colocasse deveria ter os olhos vendados. A ordem que Ciro deixa a seus filhos, para que nem eles, nem ninguém, vejam e toquem seu corpo depois que a alma dele se separar, atribuo-a a alguma devoção. Pois seu historiador[1] e ele, entre suas grandes qualidades, semearam em todo o curso de suas vidas um singular cuidado e reverência pela religião. Desagradou-me uma história que me foi contada por

---

1. Xenofonte foi quem escreveu a Ciropédia. (N.E.)

um príncipe sobre um amigo meu, homem bastante conhecido tanto na paz quanto na guerra. Morrendo bem velho em sua corte, atormentado por extremas dores de cálculo, este ocupou as horas finais preparando com veemente cuidado as honras e a cerimônia do próprio enterro; e intimou toda a nobreza que o visitava a dar a palavra de que assistiria a seu cortejo. A esse mesmo príncipe, que viu suas últimas feições, fez uma súplica premente para que sua casa fosse ordenada a comparecer ao cortejo, utilizando vários exemplos e razões para provar que era coisa que cabia a um homem de sua espécie; e pareceu expirar contente por ter obtido tal promessa e organizado a seu gosto a distribuição e ordem das exéquias. Nunca vi vaidade tão perseverante. Esta outra preocupação oposta, para a qual também não me faltam exemplos familiares, me parece vizinha dessa: preocupar-se e interessar-se ao máximo em reduzir seu cortejo, por alguma particular e inusitada parcimônia, a um servidor e uma lanterna. Vejo louvarem esse capricho, e a ordem de Marco Emílio Lépido, que proibiu os herdeiros de empregarem para ele as cerimônias de costume em tais coisas. Será mesmo temperança e frugalidade evitar uma despesa e uma volúpia cujo uso e conhecimento nos são impossíveis? Eis uma reforma fácil e pouco custosa. Se fosse necessário prescrevê-la, eu seria da opinião de que nisso, como em todas as ações da vida, cada um relacionasse a regra ao grau de sua fortuna. O filósofo Lícon sabiamente recomendou aos seus amigos que colocassem seu corpo onde achassem melhor; quanto às exéquias, que não as fizessem nem exorbitantes, nem mesquinhas. Eu simplesmente deixarei o costume ordenar a cerimônia, confiando-me à discrição dos primeiros de quem for encargo. *Totus hic locus est contemnendus in nobis, non negligendus in nostris.*[1] E é santamente dito a um santo: *Curatio funeris, conditio sepulturae, pompa exequiarum, magis sunt vivorum solatia, quàm subsidia mortuorum.*[2] Por esse motivo Sócrates responde a Críton, que na hora de sua morte pergunta como ele quer ser enterrado: "Como quiserdes". Se eu precisar me preocupar com isso mais adiante, acharei mais elegante imitar aqueles que usufruem da organização e da honra de suas sepulturas vivos e respirando, e se comprazem de ver sua pose em mármore. Felizes aqueles que sabem alegrar e gratificar os sentidos com a insensibilidade, e viver de sua morte! Pouco falta para eu não sentir um ódio irreconciliável por toda democracia, apesar de ela me parecer a mais natural e equitativa, quando me lembro da desumana injustiça do povo ateniense ao levar à morte sem remissão, e sem sequer ouvi-los em suas defesas, aqueles bravos capitães que acabavam de vencer os lacedemônios na batalha naval perto das ilhas Arginusas, a mais contestada, a mais forte batalha que os gregos jamais travaram no mar com suas forças, pois após a vitória eles seguiram as oportunidades que a lei da guerra lhes apresentava, em vez de parar para recolher e inumar seus mortos. E torna essa execução mais odiosa o feito de Diomedonte. Esse foi um dos condenados, homem de notável virtude, militar e política. Avançando para falar, depois de ouvir o decreto de sua condenação, e encontrando somente então momento de pacífica atenção, em vez de utilizá-lo em causa própria

---

[1]. "É preciso desprezar esse cuidado conosco e tomá-lo para os nossos", Cícero, *Tusculanes*, I, XLV, 108. (N.E.)
[2]. "Os cuidados com o funeral, a escolha da sepultura, a pompa das exéquias servem mais para consolar os vivos do que para socorrer os mortos", Santo Agostinho, *A cidade de Deus*, I, XII. (N.E.)

e para revelar a evidente injustiça de tão cruel sentença, só se preocupou com a salvaguarda de seus juízes, rogando aos deuses que aquele julgamento não se voltasse contra eles e que, por não cumprirem os votos que ele e os companheiros haviam feito, em reconhecimento por tão ilustre fortuna, não atraíssem sobre eles a ira dos deuses, prevenindo-os sobre quais eram esses votos. E sem mais nada dizer, e sem negociar, de imediato encaminhou-se corajosamente para o suplício. A fortuna, alguns anos depois, puniu-os na mesma moeda. Pois Cábrias, capitão-geral do exército marítimo, tendo vencido o combate contra Pólis, almirante de Esparta, na ilha de Naxos, perdeu o fruto inequívoco e imediato da vitória, muito importante para seus assuntos, por não incorrer na desgraça desse exemplo e por não perder os poucos corpos mortos dos amigos que flutuavam no mar, deixando navegar a salvo um mundo de inimigos vivos, que depois o fariam pagar por essa inoportuna superstição.

> *Quaeris, quo iaceas, post obitum, loco?*
> *Quo non nata iacent.*[1]

Este outro devolve a sensação de repouso a um corpo sem alma,

> *Neque sepulcrum, quo recipiat, habeat portum corporis:*
> *Ubi, remissa humana uita, corpus requiescat à malis.*[2]

---

1. "Te perguntas sobre o local onde repousarás depois de tua morte? Lá onde aquele que ainda não nasceu repousa", Ênio, citado por Cícero, *Tusculanes*, I, XLIV, 107. (N.E.)
2. "Que ele não encontre para porto de seu corpo o refúgio de nenhum sepulcro, onde, abandonando a vida humana, seu corpo repousaria dos males", Sêneca, *As troianas*, 407-408. (N.E.)

Da mesma maneira, a natureza nos faz ver que diversas coisas mortas ainda mantêm relações ocultas com a vida. O vinho se altera nas adegas, segundo as mutações das estações da vinha. E a carne de caça muda de estado nas salgadeiras, e de gosto, segundo as leis da carne viva, pelo que dizem.

Capítulo iv

Como a alma descarrega suas paixões sobre objetos falsos, quando os verdadeiros lhe faltam

Um fidalgo dos nossos, extremamente sujeito à gota, sendo pressionado pelos médicos a abandonar completamente o consumo de carnes salgadas, havia se acostumado a responder graciosamente que queria ter a quem culpar pelas dores e pelos tormentos do mal, e que, esbravejando e maldizendo ora o salsichão, ora a língua de boi e o presunto, ele se sentia mais aliviado. De fato, assim como estando o braço levantado para bater, nos machucamos se o golpe nada encontrar e ficar ao vento, da mesma forma, para uma visão agradável, ela não deve ficar perdida e isolada no vazio do ar, mas, ao contrário, ter um alvo para sustentá-la de razoável distância.

Ventus ut amittit vires, nisi robore densae
Occurrant siluae spatio diffusus inani.[1]

Da mesma forma, parece que a alma abalada e comovida perde-se em si mesma, se não lhe dermos um ponto de apoio; sempre é preciso fornecer-lhe um objeto no qual ela se fixe e atue. Plutarco diz, a propósito daqueles que se afeiçoam aos macacos e pequenos cães, que a parte amorosa que existe em nós, na ausência de presa legítima, em vez de ficar vazia inventa para si uma presa falsa e frívola. E vemos que em suas paixões a alma prefere

---

1. "Assim como o vento perde suas forças, dissipando-se no vazio do espaço, se espessas florestas não lhe fazem obstáculo", Lucano, III, 362-363. (N.E.)

enganar a si mesma, erigindo-se um falso e fantástico objeto, inclusive contra sua própria crença, do que não agir contra alguma coisa. Assim a raiva leva os animais a atacarem a pedra e o ferro que os machucou, e a se vingarem com dentadas em si mesmos da dor que sentem.

> *Pannonis haud aliter post ictum saevior ursa*
> *Cui jaculum parva Lybis amentavit habena,*
> *Se rotat in vulnus, telumque irata receptum*
> *Impetit, et secum fugientem circuit hastam.*[1]

Que causas não inventamos para os males que nos atingem? O que não acusamos, com ou sem razão, para termos contra o que nos esgrimir? Não foram essas tranças loiras, que arrancas, nem a brancura desse peito, que em teu pesar feres tão cruelmente, que perderam aquele irmão bem amado com um chumbo infeliz; culpe outra coisa. Lívio fala sobre o exército romano na Espanha, após a perda de dois irmãos, grandes capitães seus: "*Flere omnes repente, et offensare capita*".[2] Trata-se de costume comum. E o filósofo Bíon diz, com graça, sobre aquele rei que, de dor, arrancou-se os cabelos: "Este pensa que a calvície alivia a dor?". Quem nunca viu alguém mastigar e devorar cartas, engolir um saco de dados, para ter no que se vingar pela perda de seu dinheiro? Xerxes chicoteou o mar e escreveu uma carta de desafio ao monte Atos; e Ciro ocupou todo um exército por diversos dias para se vingar do rio Gyndus, pelo medo

---

1. "Assim a ursa de Panônia, tornando-se mais feroz ainda depois de ter sido atingida pelo dardo lançado pelo líbio com a ajuda de uma corrente, rola sobre seu ferimento e procura, furiosa, pegá-lo, e persegue o ferro que se esquiva com ela", Lucano, VI, 220-223. (N.E.)

2. "Todos imediatamente choram e se batem na cabeça", Tito Lívio, XXV, XXXVII, 9. Montaigne faz alusão aos dois irmãos Públio e Cneu Scipião. (N.E.)

que sentira ao atravessá-lo; e Calígula arruinou uma casa lindíssima, pelo prazer que sua mãe nela tivera. O povo dizia, em minha juventude, que um rei de nossos vizinhos, tendo recebido de Deus uma bastonada, jurou vingar-se, ordenando que por dez anos não se rezasse para ele, nem dele se falasse, e, enquanto estivesse em sua autoridade, que não se acreditasse nele. Com isso, queria-se pintar não tanto a tolice, mas a natural vaidade da nação de que se falava. Esses vícios sempre andam juntos, mas tais ações têm, na verdade, um pouco mais de presunção do que de estupidez. Augusto César, tendo sido vencido por uma tempestade no mar, pôs-se a desafiar o deus Netuno, e na cerimônia dos jogos de circo mandou retirarem sua estátua do lugar que esta ocupava entre os outros deuses, para se vingar dele. Nisso ele é ainda menos desculpável do que os precedentes, e menos do que foi depois, quando tendo perdido uma batalha sob Quintílio Varo, na Alemanha, de cólera e desespero ia batendo a testa contra a muralha e gritando: "Varo, devolva-me meus soldados". Pois ultrapassam qualquer loucura, visto que a esta se soma a impiedade, aqueles que se dirigem ao próprio Deus, ou à fortuna, como se esta tivesse ouvidos sujeitos a nossos assaltos. A exemplo dos trácios, que, quando troveja ou relampeja, começam a atirar contra o céu com titânica vingança, para a flechadas trazer Deus à razão. Ora, como diz em Plutarco aquele antigo poeta,

> *Não devemos nos enfurecer com os acontecimentos. Eles não se interessam por nossas cóleras.*[1]

Mas nunca diremos injúrias suficientes ao desregramento de nosso espírito.

---

1. Plutarco, *Obras morais*, 467. Os versos foram extraídos do *Belerofonte*, tragédia perdida de Eurípides. (N.E.)

Capítulo V
Se o chefe de uma fortaleza sitiada deve sair para parlamentar

Lúcio Márcio, legado dos romanos, na guerra contra Perseu, rei da Macedônia, querendo ganhar o tempo que ainda precisava para deixar seu exército preparado, lançou propostas de acordo, para as quais o rei iludido concedeu trégua por alguns dias, assim fornecendo ao inimigo a oportunidade e a liberdade de armar-se; com isso, o rei incorreu na própria ruína. No entanto, os anciãos do Senado, tendo na memória os costumes de seus pais, acusaram essa prática como inimiga do estilo antigo, que foi, diziam eles, combater com virtude, não com astúcia, nem com surpresas e encontros noturnos, nem com fugas premeditadas e recargas inesperadas, começando a guerra somente depois de anunciá-la e muitas vezes somente depois de marcar a hora e o local da batalha. Com esse escrúpulo, entregaram a Pirro seu médico traidor e aos faliscos seu desleal professor. Eram formas realmente romanas, sem a agudeza grega e a astúcia púnica, em que vencer pela força é menos glorioso do que pela fraude. O logro pode servir uma vez; mas só se considera vencido aquele que sabe não tê-lo sido nem por artimanha, nem por sorte, mas por valentia, tropa contra tropa, numa leal e justa guerra. Fica evidente pela linguagem desses homens de bem que eles ainda não tinham admitido esta bela máxima:

– *dolus an virtus quis in hoste requirat?*[1]

---

1. "– artimanha ou coragem, quem se importa com elas quando no inimigo?", Virgílio, *Eneida*, 390. (N.E.)

Os aqueus, diz Políbio, detestavam toda forma de fraude em suas guerras, considerando vitória somente quando as coragens dos inimigos eram vencidas. *Eam vir sanctus et sapiens sciet veram esse victoriam, quae salva fide, et integra dignitate parabitur*[1], disse outro.

> *Vós ne velit, na me regnare hera: quidue ferat fors Virtute experiamur.*[2]

No reino de Ternate, entre essas nações que com tanta convicção chamamos de bárbaras, dita o costume que não se inicie uma guerra sem tê-la anunciado, acrescentando-se ampla declaração dos meios de que se dispõe, quais e quantos homens, que munições, que armas, ofensivas e defensivas. Mas, feito isso, eles se autorizam a utilizar, em sua guerra, sem censura, tudo o que ajude a vencer. Os antigos florentinos estavam tão afastados de querer ganhar vantagem sobre os inimigos por surpresa, que os advertiam um mês antes de colocarem o exército em campo, através do contínuo som do sino que chamavam *Martinella*. Quanto a nós, menos escrupulosos, que consideramos ter a honra da guerra aquele que dela tira proveito e que, como Lisandro, dizemos que onde a pele do leão não basta é preciso costurar a ela um pedaço de pele de raposa, as mais habituais ocasiões de surpresa decorrem dessa prática; não há hora, dizemos, em que um chefe deva estar mais atento do que na das negociações e tratativas de acordo. Por isso, é regra na boca de todos os homens de guerra de nosso tempo que

---

1. "O homem virtuoso e sábio saberá que só é verdadeira a vitória adquirida no respeito à palavra dada e à honra", Floro, I, XII. (N.E.)
2. "Seja a vós de reinar, seja a mim: coloquemos à prova de nossa coragem aquilo que a sorte decidirá", Ênio, citado por Cícero, *De officiis*, I, XII, 38. (N.E.)

nunca o governante de uma fortaleza sitiada deve sair ele mesmo para parlamentar. No tempo de nossos pais, isso foi censurado aos senhores de Montmort e Assigny, que defendiam Mouzon do conde de Nassau. Mas também por isso seria desculpado aquele que saísse de tal maneira que a segurança e a vantagem continuassem de seu lado. Como fez na cidade de Reggio o conde Guido Rangone (se acreditarmos em Bellay, pois Guichardin diz que foi ele próprio), quando o senhor de l'Escut se aproximou para parlamentar; pois o conde se afastou tão pouco de seu forte que, quando um tumulto se ergueu durante a tratativa, não apenas o senhor de l'Escut e sua tropa, que com ele se aproximara, se descobriu o mais fraco, pois Alessandro Trivulzio fora morto, como ele mesmo foi obrigado, para maior segurança, a seguir o conde, e se colocar, sob juramento deste, ao abrigo dos golpes dentro da cidade. Eumenes, na cidade de Nora, pressionado por Antígono, que a sitiava, a sair e falar-lhe, alegando que o motivo para isso era Antígono ser o maior e mais forte, deu-lhe esta nobre resposta: "Jamais considerarei um homem maior do que eu enquanto tiver minha espada em meu poder". E não consentiu enquanto Antígono não lhe entregou como refém Ptolomeu, seu próprio sobrinho, conforme pedia. Mesmo assim, alguns ainda se deram muito bem por sair sob a palavra do sitiante. Testemunho disso é Henri de Vaux, cavaleiro da Champagne, sitiado no castelo de Commercy pelos ingleses, e Barthélémy de Bonnes, que comandou o cerco e destruiu por fora os alicerces da maior parte do castelo, restando apenas o fogo para esmagar os sitiados sob as ruínas, e que intimou o dito Henri a sair para parlamentar em proveito próprio, o que ele fez com três outros emissários. Sua evidente ruína tendo sido vista com os próprios olhos, ele se sentiu singularmente reconhecido ao inimigo, por cuja generosidade o fogo foi ateado às escavações depois que ele e a tropa se renderam, as escoras de madeira vindo a cair, o castelo sendo arrasado de alto a baixo. Facilmente confio na palavra de outrem; mas dificilmente o farei quando leva a crer que o fiz antes por desespero e falta de coragem do que por livre vontade e confiança em sua lealdade.

Capítulo VI
A perigosa hora das negociações

No entanto, vi recentemente, em minha vizinhança de Mussidan, que aqueles que foram desalojados à força por nosso exército, e outros de seu partido, denunciavam como traição terem sido surpreendidos e massacrados durante as negociações, com o tratado ainda valendo. Coisa que teria sido razoável em outro século, mas, como acabo de dizer, nossas maneiras estão completamente afastadas dessas regras, e não se deve esperar confiança de uns em outros enquanto o último selo de compromisso não tiver sido colocado; ainda há, portanto, muito pela frente. E sempre foi resolução imprudente confiar à boa vontade de um exército vitorioso o respeito pela palavra dada a uma cidade que acaba de se render por doce e favorável compromisso, e no calor da ação deixar a entrada livre aos soldados. L. Emílio Régilo, pretor romano, tendo perdido tempo tentando tomar à força a cidade de Foceia, devido à singular proeza dos habitantes em defender-se, fez com eles o pacto de recebê-los como amigos do povo romano e de nela entrar como em cidade confederada, retirando-lhes qualquer temor de ação hostil. Mas, quando nela entrou e introduziu seu exército, para ser visto com mais pompa, não esteve em seu poder, por maiores esforços que empregasse, conter seus homens; diante de seus olhos viu pilharem boa parte da cidade, os direitos da avidez e da vingança substituindo os de sua autoridade e da disciplina militar. Cleômenes dizia que qualquer mal que se pudesse fazer aos inimigos durante a guerra estava acima da Justiça, e não sujeito a ela, tanto perante os deuses quanto perante os homens. Tendo feito uma trégua de sete dias com os habitantes de Argos, na terceira noite ele os atacou enquanto dormiam, e os derrotou, alegando que em sua trégua não mencionara as noites. Mas os deuses vingaram essa pérfida argúcia. Durante as negociações, e enquanto se perdia tempo com garantias, a cidade de Casilino foi tomada de surpresa. E isso, no entanto, no século dos mais justos capitães e da mais perfeita milícia romana. Pois não está dito que, em determinado tempo e local, não seja permitido nos prevalecermos da tolice de nossos inimigos, como fazemos da covardia. E com certeza a guerra apresenta, por natureza, muitas e razoáveis vantagens em prejuízo da razão. Aqui não vale a regra *neminem id agere, ut ex alterius praedetur inscitia*.[1] Mas me espanto com a importância que Xenofonte, autor de extraordinário peso em tais coisas, bem como grande capitão e filósofo, um dos primeiros discípulos de Sócrates, atribui a essas vantagens, por meio das palavras e dos diversos decretos de seu perfeito imperador, e não concordo com a medida de sua aprovação, a tudo e por tudo. O senhor de Aubigny, sitiando Cápua, ordenou uma furiosa canhonada, depois da qual o sr. Fabrizio Colonna, capitão da cidade, começou a parlamentar de cima de um bastião, e, tendo seus homens baixado a guarda, os nossos se apoderaram dela e deixaram tudo em pedaços. De mais recente memória, em Yvoy, o sr. Julian Rommero, tendo cometido a imprudência de sair para parlamentar com o condestável, encontrou, ao voltar, sua fortaleza tomada. Mas, para não ficarmos sem uma revanche, o marquês de Pescara, cercando Gênova, onde o duque Ottaviano Fregoso comandava sob nossa proteção, e o acordo entre eles estando tão adiantado que

---

1. "que ninguém aja de maneira a se aproveitar da ignorância de outrem", Cícero, *De officiis*, III, XVII, 72. (N.E.)

o consideravam pronto, no momento de concluí-lo os espanhóis, tendo se introduzido na cidade, valeram-se disso como teriam feito numa vitória absoluta. E mais tarde, em Ligny-em-Barrois, onde o conde de Brienne comandava, o imperador em pessoa o cercou, e Bertheville, lugar-tenente do dito conde, tendo saído para parlamentar, a cidade se viu tomada durante a negociação.

Fu il vincer sempre mai laudabil cosa,
Vinca si ò per fortuna ò per ingegno[1],

dizem eles. Mas o filósofo Crisipo não seria dessa opinião, e eu tampouco. Pois ele dizia que aqueles que participam da corrida de velocidade devem empregar todas as suas forças na rapidez, não lhes sendo, no entanto, de modo algum permitido colocar a mão no adversário para pará-lo, nem dar-lhe uma rasteira para fazê-lo cair. E o grande Alexandre disse com mais magnanimidade ainda a Poliperconte, que o aconselhava a se servir da vantagem que a escuridão da noite lhe dava para atacar Dario: "De modo algum, não é de meu feitio procurar vitórias roubadas, *malo me fortunae poeniteat, quàm victoriae pudeat*".[2]

Atque idem fugientem haud est dignatus Orodem
Sternere, nec jacta caecum dare cuspide vulnus:
Obuius, adversóque occurrit, séque viro vir
Contulit, haud furto melior, sed fortibus armis.[3]

---
1. "A vitória é sempre coisa muito louvável, se vence por sorte ou por inteligência", Ariosto, *Orlando furioso*, XV, I. (N.E.)
2. "prefiro me queixar da fortuna a envergonhar-me de minha vitória", Quinto-Cúrcio, IV, XIII, 9. (N.E.)
3. "E ele mesmo, que não ousou atingir Orode em sua fuga, nem feri-lo pelas costas, vem atacá-lo de frente, ele o atinge, corpo a corpo, e vence, não pelo ardil, mas pela força das armas", Virgílio, *Eneida*, X, 732-735. (N.E.)

Capítulo VII
Que a intenção julga nossas ações

A morte, dizem, libera-nos de todas as nossas obrigações. Conheço quem tenha entendido isso de maneira diversa. Henrique VII, rei da Inglaterra, fez um acordo com Dom Filipe, filho do imperador Maximiliano, ou, para citá-lo de maneira mais honrosa, pai do imperador Carlos V, segundo o qual o dito Filipe entregava em suas mãos o duque de Suffolk, da rosa branca, seu inimigo, que fugira e se asilara nos Países Baixos, prometendo não atentar contra a vida do dito duque. No entanto, vindo a morrer, em testamento ordenou ao filho que logo depois de sua morte o mandasse matar. Recentemente, na tragédia que o duque de Alba nos fez ver em Bruxelas, com os condes de Hornes e Egmond, houve muitas coisas notáveis; entre outras, que o dito conde de Egmond, sob cuja palavra e garantia o conde de Hornes fora entregar-se ao duque de Alba, pediu com grande insistência que o matassem primeiro, a fim de que sua morte o liberasse da obrigação que tinha para com o dito conde de Hornes. Parece-me que a morte não liberou Henrique VII da palavra dada, e que o conde de Egmond, mesmo vivo, dela ficou desobrigado. Não podemos ser devedores acima de nossas forças e de nossos meios. Nesse sentido, porque as conclusões e realizações não estão nunca em nosso poder, e porque não há nada realmente em nosso poder além da vontade, nela se fundamentam e estabelecem necessariamente todas as regras do dever do homem. Assim, o conde de Egmond, tendo a alma e a vontade endividadas por sua promessa, apesar do poder de cumpri-la não estar em suas mãos, sem dúvida estaria absolvido de seu dever se tivesse sobrevivido ao conde de Hornes. Mas o rei da Inglaterra, intencionalmente faltando com a palavra, não pode ser desculpado por ter retardado para depois da morte a execução de sua deslealdade. Não mais que o pedreiro de Heródoto, que tendo lealmente guardado por toda a vida o segredo dos tesouros do rei do Egito, seu mestre, ao morrer revelou-os a seus filhos. Vi vários homens de meu tempo, culpados por suas consciências por reterem o bem de outrem, se disporem a limpá-las em seus testamentos, e depois de morrerem. Não fazem nada que valha. Seja por adiarem coisa tão urgente, seja por quererem reparar uma injustiça com tão poucas consequências para si mesmos. São devedores daquilo que mais lhes custa. E quanto mais pesada e incomodamente eles pagarem, mais justa e meritória será a reparação. A penitência precisa ser um peso. Fazem ainda pior aqueles que reservam para a última vontade a declaração de alguma disposição odiosa para com o próximo, tendo-a escondido durante a vida. E demonstram ter pouco cuidado para com a própria honra, irritando o ofendido contra sua memória, e menos ainda para com a própria consciência, não sabendo, por respeito à morte, fazer morrer seu ódio, estendendo a vida deste para além da sua própria. Iníquos juízes, que deixam para julgar quando já não têm conhecimento de causa. Evitarei, se puder, que minha morte diga algo que minha vida não tenha previamente dito, e abertamente.

Capítulo VIII
Da ociosidade

Assim como vemos nas terras em pousio, quando ricas e férteis, se multiplicarem cem mil espécies de ervas selvagens e inúteis, sendo preciso para cultivá-las submetê-las e utilizá-las com algumas sementes, para nosso serviço; e assim como vemos que as mulheres produzem sozinhas massas e pedaços de carne informe, mas que para fazer uma geração boa e natural é preciso enchê-las com outra semente; também assim ocorre com os espíritos. Se não os ocupamos com algum assunto que os refreie e contenha, eles se atiram desregrados, aqui e acolá, no vago campo das imaginações.

> *Sicut aquae tremulum labris ubi lumen ahenis*
> *Sole repercussum, aut radiantis imagine Lunae,*
> *Omnia pervolitat latè loca, iamque sub auras*
> *Erigitur summique ferit laquearia tecti.*[1]

E não há loucura nem devaneio que não se produzam nessa agitação,

> *velut aegri somnia, vanae*
> *Finguntur species.*[2]

---

1. "Assim, quando num vaso de bronze a superfície tremulante da água reverbera a luz do sol ou os raios da lua, esse reflexo volteia por todos os lados, se eleva pelos ares e vai bater nas madeiras do teto", Virgílio, *Eneida*, VIII, 22-25. (N.E.)

2. "semelhantes ao sonho de um doente, forjam-se imagens inconsistentes", Horácio, *Arte poética*, 7-8. (N.E.)

A alma que não tem um objetivo estabelecido se perde, pois, como se diz, estar em toda parte é não estar em lugar algum.[1]

Quisquis ubique habitat, Maxime, nusquam habitat.[2]

Recentemente me recolhi em casa, decidido enquanto puder a não me ocupar de outra coisa que passar em repouso, e à parte, esse pouco de vida que me resta; pareceu-me não poder fazer maior favor a meu espírito do que deixá-lo em plena ociosidade, ficar consigo mesmo, deter-se e repousar em si, o que eu esperava que doravante ele pudesse fazer mais facilmente, tendo se tornado com o tempo mais ponderado e mais maduro. Mas descubro,

variam semper dant otia mentem[3],

pelo contrário, que como o cavalo fugido ele dá cem vezes mais livre curso a si mesmo do que daria a outro; e ele me engendra tantas quimeras e monstros fantásticos, uns sobre os outros, sem ordem e sem propósito, que para contemplar à vontade sua inépcia e estranheza comecei a pô-los em rol, esperando, com o tempo, causar-lhe vergonha de si mesmo.

---

1. Máxima de Sêneca (*Cartas a Lucílio*, II, 2), aproveitada por Marcial (ver nota seguinte). (N.E.)
2. "Quem mora em toda parte, Maximus, não mora em parte alguma", Marcial, VII, LXXIII, 6. (N.E.)
3. "a ociosidade sempre torna o espírito inconstante", Lucano, IV, LXXIII, 6. (N.E.)

Capítulo IX
Dos mentirosos

Não existe homem a quem tão pouco convenha meter-se a falar de memória. Pois quase não reconheço vestígio dela em mim, e não penso que exista no mundo outra tão surpreendente em ineficácia. Tenho vis e comuns todas as minhas demais qualidades, mas nesta penso ser singular e raríssimo, e digno de ganhar nome e reputação. Além do inconveniente natural de que sofro com isso (pois com certeza, dada sua necessidade, Platão tem razão em denominá-la grande e poderosa deusa), quando em minha terra querem dizer que um homem não tem senso, dizem que não tem memória; e quando me lamento do defeito da minha, eles me repreendem e não me creem, como se eu me acusasse de insensatez. Eles não veem diferença entre memória e entendimento. O que piora muito minha situação; mas me fazem injustiça, pois por experiência antes se vê, pelo contrário, que as memórias excelentes normalmente se combinam aos julgamentos débeis. Também me fazem injustiça, a mim que nada sei fazer tão bem quanto ser amigo, pois as mesmas palavras que denunciam minha doença evocam a ingratidão. Atacam meu afeto com minha memória, e de um defeito natural fazem um defeito de consciência. "Ele esqueceu aquele pedido ou aquela promessa", dizem; "ele não se lembra dos amigos; ele não se lembrou de, por amor a mim, dizer, fazer ou calar aquilo." Com certeza posso esquecer facilmente; mas negligenciar o encargo que um amigo me passou, isto não faço. Que se contentem com minha miséria, sem dela fazer uma espécie de malícia, e uma malícia tão inimiga de meu temperamento. Consolo-me, de certa maneira. Em primeiro lugar, porque se trata de um mal pelo qual consegui, acima de tudo, corrigir um mal pior, que facilmente se desenvolveria em mim; a saber, a ambição, pois esta fraqueza é intolerável em quem se envolve com os negócios do mundo. Porque como demonstram diversos exemplos semelhantes no desenvolvimento da natureza, ela espontaneamente fortificou outras em mim, à medida que esta faculdade se enfraqueceu, e facilmente iria repousando e amolecendo meu espírito e meu julgamento, sob os rastros dos outros, sem fazê-los exercer suas próprias forças se as ideias e opiniões alheias me estivessem disponíveis pelo benefício da memória. Porque meu falar é mais breve, pois o arsenal da memória é naturalmente mais provido de materiais que o da invenção. Se a memória me tivesse amparado, eu teria atordoado todos os meus amigos com tagarelices: os assuntos despertam a medíocre faculdade que tenho de manejá-los e empregá-los, exaltando e instigando minhas palavras. É lamentável; vejo prova disso em alguns de meus amigos próximos: à medida que a memória lhes fornece a coisa por inteiro e manifesta, eles recuam tanto na narração e a carregam com tantas circunstâncias vãs que, se a história é boa, sufocam sua qualidade, e se não é, maldizemos a ventura de sua memória ou a mediocridade de seu julgamento. É coisa difícil interromper um discurso, e cortá-lo depois que o iniciamos. Não há melhor maneira de conhecer a força de um cavalo do que fazer uma parada total e brusca. Entre os que falam com propriedade, inclusive, vejo alguns que querem e não conseguem abandonar seu curso. Enquanto procuram o ponto de encerrar a marcha, seguem dizendo banalidades e se arrastando como homens que desmaiam de fraqueza.

São perigosos sobretudo os velhos, em quem a lembrança das coisas passadas subsiste, e que perderam a lembrança de suas repetições. Vi relatos bastante agradáveis se tornarem muito aborrecidos na boca de um grande personagem, cada um da audiência tendo sido deles saciado cem vezes. Em segundo lugar, porque me lembro menos das ofensas recebidas, como dizia aquele antigo.[1] Eu precisaria de um lembrete, como Dario, que, para não esquecer a ofensa que recebera dos atenienses, fazia com que um pajem, todas as vezes que ele se colocava à mesa, repetisse três vezes em seu ouvido: "Sire, lembrai-vos dos atenienses", porque os lugares e os livros que revisito sempre me sorriem com inalterada novidade. Não é sem razão que dizem que quem não se sente muito firme da memória não deve meter-se a ser mentiroso. Sei que os gramáticos fazem distinção entre falar uma mentira e mentir, e dizem que falar uma mentira é falar uma coisa falsa, que foi tomada por verdadeira, e que a definição da palavra mentir em latim, de onde veio nosso francês, é ir contra a própria consciência; e que, consequentemente, isso diz respeito somente aos que falam contra aquilo que conhecem, que são de quem estou falando. Ora, estes ou inventam o essencial e o resto, ou mascaram e alteram um fundo verídico. Quando mascaram e mudam, ao serem reconduzidos várias vezes à mesma história, é difícil que não se enredem; porque tendo a coisa, como de fato é, se alojado primeiro na memória e se gravado nela pela via do conhecimento e do saber, é difícil que não se apresente à imaginação, desalojando a falsidade, que não pode nela fincar um pé tão firme nem tão bem estabelecido; e é

---

1. Provavelmente Cícero (*Pro Ligario*, XII, "*oblivisci nihil soles, nisi injurias*"), adaptando Públio Siro ("*Injuriaruam remedium oblivio*"). (N.E.)

difícil que as circunstâncias do primeiro aprendizado, insinuando-se a todo momento no espírito, não façam desaparecer a lembrança dos acréscimos, falsos ou corrompidos. Naquilo que inventam completamente, visto que não há nenhuma impressão contrária que contradiga a falsidade, eles parecem precisar temer menos o engano. No entanto, também isso, por se tratar de coisa vazia e sem consistência, escapa naturalmente à memória, se esta não for muito segura. Disso vi várias vezes prova, e de maneira cômica, às custas daqueles que professam formar seu discurso somente de maneira a que sirva aos assuntos de que tratam, e que agrade aos grandes a quem se dirigem. Pois como essas circunstâncias a que querem reduzir sua retidão e sua consciência estão sujeitas a diversas mudanças, é preciso que seu discurso se diversifique ao mesmo tempo; disso resulta que da mesma coisa digam ora cinza, ora amarelo; a tal homem de uma forma, a tal outro de outra. E se por acaso esses homens, compartilhando, repetem informações tão contraditórias, o que se torna essa bela arte? Além disso, eles imprudentemente com muita frequência enredam a si mesmos; pois qual memória lhes poderia bastar para se lembrarem de tantas formas diferentes que forjaram para um mesmo assunto? Vi vários, em meu tempo, invejarem a reputação dessa bela habilidade; não veem que, onde há tal reputação, seu efeito não pode existir. Na verdade, mentir é um vício maldito. Somos homens e estamos ligados uns aos outros somente pela palavra. Se conhecêssemos o horror e o peso do mentir, o perseguiríamos para levá-lo à fogueira, com mais justiça que a outros crimes. Acho que em geral perdemos tempo castigando as crianças por erros inocentes, muito despropositadamente, e atormentando-as por ações temerárias que não deixam marcas nem consequências. Somente a mentira e, um pouco abaixo, a obstinação parecem-me aquelas cujo nascimento e progresso deveriam ser instantaneamente combatidos nas crianças, pois crescem junto com elas. E, depois que damos esse mau hábito à língua, é incrível como é impossível perdê-lo. De onde resulta que vejamos homens honestos em outras coisas serem sujeitados e subjugados por ela. Conheço um bom aprendiz de alfaiate que nunca ouvi dizer uma verdade, nem quando ela se oferece para servi-lo utilmente. Se, como a verdade, a mentira tivesse uma única face, estaríamos em melhores termos, pois tomaríamos como certo o oposto do que dissesse o mentiroso. Mas o reverso da verdade tem cem mil formas e um campo indefinido. Os pitagóricos consideram o bem certo e finito, o mal infinito e incerto. Mil trajetórias desviam do alvo; uma leva a ele. É verdade que não tenho certeza de que eu possa vir a dominar-me de prevenir um perigo evidente e extremo com uma descarada e solene mentira. Um antigo padre disse que estamos melhores na companhia de um cachorro conhecido do que na de um homem cuja linguagem nos é desconhecida.[1] *Ut externus alieno non sit hominis vice.*[2] E quão menos sociável do que o silêncio é a linguagem falsa? O rei Francisco I se vangloriava de ter posto em dificuldades, desse modo, Francesco Taverna, homem muito famoso na ciência do falar, embaixador de Francesco Sforza, duque de Milão. Taverna fora enviado para desculpar seu senhor para com sua majestade, por um feito de grande consequência, que foi o seguinte. O rei, para continuar mantendo algumas relações secretas na Itália, de onde recentemente fora expulso, inclusive do

---

1. Alusão a Santo Agostinho, *A cidade de Deus*, XIX, VII. (N.E.)
2. "Tanto que o estrangeiro não é um homem, aos olhos de outro", Plínio, o Velho, VII, I. (N.E.)

ducado de Milão, havia pensado em manter junto ao duque um fidalgo em seu nome, na verdade um embaixador, mas um homem privado na aparência, que fingiu lá estar por assuntos particulares, pois o duque, que dependia muito mais do imperador (principalmente por estar em tratativas de casamento com a sobrinha deste, filha do rei da Dinamarca, que atualmente é viúva herdeira da Lorena), não podia demonstrar manter nenhuma relação ou negociação conosco, sem prejuízo para si mesmo. Para este encargo se achou apropriado um fidalgo milanês, escudeiro de cavalariça junto ao rei, chamado Maraviglia. Este, despachado com credenciais secretas e instruções como embaixador, e com outras cartas de recomendação para o duque, a favor de seus assuntos particulares, para o disfarce e as aparências, ficou tanto tempo junto ao duque que despertou suspeitas no imperador, o que foi a causa do que se seguiu depois, tal como pensamos. Foi que, sob o pretexto de um assassinato, eis que numa bela noite o duque mandou cortar sua cabeça, sendo o processo feito em dois dias. Tendo o sr. Taverna chegado, munido de uma longa explicação falsa desta história, pois o rei se dirigira, pedindo satisfações, a todos os príncipes da cristandade e ao próprio duque, foi ouvido na reunião matinal do conselho, estabelecendo para o fundamento de sua causa e apresentando para esse fim várias belas aparências do fato: seu senhor sempre considerara nosso homem um fidalgo privado e súdito seu, que fora cuidar de seus negócios em Milão e que nunca vivera lá sob outra identidade, negando inclusive saber que ele constasse das listas dos agentes da casa do rei ou fosse conhecido dele, muito menos que o tomasse por embaixador. O rei, por sua vez, pressionando-o com diversas objeções e perguntas, e atacando-o por todos os lados, encurralou-o por fim na questão da execução noturna, como que às escondidas. Ao que o pobre homem respondeu, embaraçado, para fazer-se de decoroso, que por respeito à sua majestade o duque teria ficado muito contrariado se a execução tivesse acontecido de dia. Cada um pode imaginar como ele foi repreendido, tendo-se tão grosseiramente contradito diante de um faro como o do rei Francisco. O papa Júlio II enviara um embaixador junto ao rei da Inglaterra, para inflamá-lo contra o rei francês. Tendo o embaixador sido ouvido sobre seu encargo, e o rei da Inglaterra tendo-se demorado, em sua resposta, nas dificuldades que encontrava para fazer os preparativos necessários para combater um rei tão poderoso, e citando algumas razões para isso, o embaixador replicou de maneira intempestiva que também as considerara de sua parte, e que as havia mencionado ao papa. Dessas palavras tão distantes de seu propósito, que era levá-lo incontinente à guerra, o rei da Inglaterra tirou a primeira prova daquilo que depois descobriu de fato: que aquele embaixador, em sua intenção particular, pendia para o lado da França. Tendo avisado seu senhor sobre isso, seus bens foram confiscados, e foi por pouco que ele não perdeu a vida.

Capítulo X
Do falar imediato ou tardio

Jamais todas as graças foram concedidas a todos.[1]

Por isso vemos que, para o dom da eloquência, uns têm facilidade e prontidão, e, como se diz, tão natural a faculdade de se expressar, que a qualquer momento estão preparados; outros, mais lentos, nunca falam nada que não seja elaborado e premeditado. Assim como se prescreve às senhoras praticarem jogos e exercícios corporais que favoreçam o que têm de mais belo, da mesma forma, se eu tivesse que aconselhar sobre essas duas distintas vantagens da eloquência, que parece, em nosso século, ser a principal profissão de pregadores e advogados, o lento seria melhor pregador, parece-me, e o outro, melhor advogado. Porque o encargo do primeiro lhe concede tanto tempo quanto ele quiser para preparar-se, e depois seu avanço se dá de maneira contínua, sem interrupção, enquanto as capacidades do advogado o pressionam a todo o momento a intervir no debate, e as respostas imprevistas da parte adversa o desviam de seu rumo, e ele precisa de imediato tomar novo partido. No entanto, no encontro do papa Clemente com o rei Francisco, em Marselha, se deu o contrário. O sr. Poyet, homem que passara a vida toda no tribunal, com grande reputação, encarregado de fazer o discurso ao papa, pensara nele com muita concentração e tempo, inclusive, pelo que dizem, trazendo-o pronto de Paris. No exato dia em que este devia ser pronunciado, o papa, temendo que lhe dissessem palavras que pudessem ofender os

---

1. Étienne de La Boétie, *Vers françois*, soneto XIV. (N.E.)

embaixadores dos outros príncipes, que estavam à sua volta, comunicou ao rei o tema que lhe parecia mais adequado à hora e ao lugar, mas por acaso completamente diferente daquele sobre o qual o sr. Poyet se empenhara, de forma que seu discurso se tornava inútil e ele precisava prontamente compor outro. Como se sentiu incapaz de fazê-lo, foi preciso que o sr. cardeal Du Bellay assumisse o encargo. O papel do advogado é mais difícil do que o do pregador; no entanto, encontramos, em minha opinião, mais advogados aceitáveis do que pregadores, pelo menos na França. Parece que é mais próprio ao espírito ter uma ação rápida e repentina, e mais próprio ao julgamento tê-la lenta e ponderada. Mas aquele que permanece completamente mudo quando não tem tempo de se preparar, e também aquele a quem o tempo não dá vantagem para dizer melhor, estão no mesmo nível de estranheza. Conta-se de Severo Cássio que ele falava melhor sem pensar, que devia mais à sorte do que à sua diligência, que lhe era proveitoso ser perturbado ao falar, e que seus adversários temiam irritá-lo, por medo de que a cólera redobrasse sua eloquência. Conheço por experiência essa condição natural, que não pode suportar uma veemente e laboriosa premeditação; se não age alegre e livremente, não faz nada que valha. Dizemos de algumas obras que elas cheiram a óleo e a lâmpada[1], por certa aspereza e rudeza que o trabalho imprime naquelas em que desempenha um papel importante. Por outro lado, o zelo de fazer bem e o esforço da alma retesada e tensa demais em sua empresa desviam-na e obstruem-na, como acontece com a água, que de tanto ser pressionada por sua violência e abundância não consegue encontrar a

---

1. Ou seja, que elas carregam a marca de longos e laboriosos esforços (por alusão às inúmeras noites à luz de lâmpadas a óleo que custaram a seu autor). (N.T.)

saída num gargalo aberto. Nessa condição natural de que estou falando, há ao mesmo tempo o seguinte: ela não pede para ser abalada e irritada por paixões fortes, como a cólera de Cássio (pois esse movimento seria abrupto demais), ela não quer ser sacudida, mas solicitada; ela quer ser exaltada e despertada pelas circunstâncias externas, imediatas e fortuitas. Se entregue a si mesma, apenas arrasta-se e esmorece; a agitação é sua vida e sua graça. Eu não tenho bom domínio e decisão sobre mim mesmo; o acaso tem sobre mim mais direito do que eu, a circunstância, a companhia, o próprio balanço de minha voz tiram mais de meu espírito do que nele encontro quando o sondo e utilizo por mim mesmo. Assim, minhas palavras valem mais do que meus escritos, se é que pode haver escolha onde não há valor algum. Também acontece de eu não me encontrar onde me procuro, e de me encontrar mais por acaso do que por investigação de meu julgamento. Posso ter feito uso de alguma sutileza ao escrever. Quero dizer, algo embotado para outrem, aguçado para mim. Mas deixemos de escrúpulos, cada um fala segundo sua capacidade. Perdi tanto a memória que não sei o que quis dizer, um estranho por vezes o descobre antes de mim. Se suprimisse todos os trechos em que isso acontece comigo, me desfaria de tudo. O acaso me iluminará, alguma outra vez, com luz mais clara do que a do meio-dia; e me deixará surpreso com minha hesitação.

Capítulo XI
Dos prognósticos

Quanto aos oráculos, é certo que muito tempo antes de Jesus Cristo eles tinham começado a perder o crédito, pois vemos que Cícero se dá ao trabalho de procurar a causa de seu declínio. São dele essas palavras: *Cur isto modo jam oracula Delphis non eduntur, non modò nostra aetate, sed jamdiu, ut nihil possit esse contemptius?*[1] Mas quanto aos demais prognósticos, que eram feitos a partir da anatomia dos animais nos sacrifícios e aos quais Platão atribui em parte a constituição natural dos membros internos destes, ou a partir da agitação dos frangos, do voo dos pássaros, *Aves quasdam rerum augurandarum causa natas esse putamus*[2], dos raios, dos redemoinhos dos rios, *Multa cernunt aruspices, multa augures provident, multa oraculis declarantur, multa vaticinationibus, multa somniis, multa portentis*[3], e outros, sobre os quais a Antiguidade baseava a maior parte de seus empreendimentos, tanto públicos quanto privados, nossa religião os aboliu. Ainda assim, restam entre nós alguns meios de adivinhação pelos astros, pelos espíritos, pelas formas do corpo, pelos sonhos e outros, notável exemplo da desvairada curiosidade de

---

1. "Por que oráculos não são mais transmitidos em Delfos, não apenas em nosso tempo, mas já há muito, tanto que nada poderia ser mais desprezado?", Cícero, *De divinatione*, II, LVII. (N.E.)

2. "Acreditamos que certas aves nasceram para servir aos augúrios", Cícero, *De natura deorum*, II, LXIV. (N.E.)

3. "Os harúspices veem muitas coisas, os augúrios preveem muito, muito é anunciado pelos oráculos, muito pelas adivinhações, muito pelos sonhos, muito pelos prodígios", Cícero, *De natura deorum*, II, LXV. (N.E.)

nossa natureza, que perde seu tempo antecipando as coisas futuras, como se não tivesse bastante trabalho para digerir as presentes,

– *cur hanc tibi rector Olympi*
Sollicitis uisum mortalibus addere curam,
Noscant venturas ut dira per omina clades?
Sit subitum quodcunque paras, sit caeca futuri
Mens hominum fati, liceat sperare timenti.[1]

Ne utile quidem est scire quid futurum sit, Miserum est enim nihil proficientem angi.[2] O certo é que a adivinhação goza de muito menos autoridade. É por isso que o exemplo de Francesco, marquês de Saluzzo, me pareceu notável; pois, lugar-tenente do rei Francisco no exército de além-montes, infinitamente favorecido por nossa corte, e devendo ao rei o próprio marquesado, que fora confiscado de seu irmão, e, de resto, não se apresentando motivo para fazer o que fez, sua afeição inclusive o contradizendo, ele se deixou apavorar tanto, como se verificou, pelos belos prognósticos que então eram espalhados por todos os lados, com vantagem para o imperador Carlos V, e para nossa desvantagem (na Itália, inclusive, essas loucas profecias encontraram tanto espaço que em Roma foram trocadas grandes quantias de dinheiro no câmbio em função dessa crença em

---

1. "– por que, senhor do Olimpo, ter acrescentado aos males dos mortais essa preocupação de conhecer seus males futuros através de cruéis presságios? Que tudo o que preparas seja repentino, que o espírito dos homens seja cego ao destino, que lhes seja permitido manter a esperança em seus temores", Lucano, II, 4-6 e 14-15. (N.E.)

2. "Não é nem mesmo útil saber o que acontecerá: é uma miséria, na verdade, atormentar-se sem proveito", Cícero, *De natura deorum*, III, VI. (N.E.)

nossa ruína), que depois de ter-se queixado várias vezes a seus íntimos sobre os males que via inevitavelmente serem preparados à coroa da França, e aos amigos que lá tinha, ele se revoltou e mudou de lado; para seu grande prejuízo, portanto, sob qualquer constelação. Mas ele se portou como homem assaltado por paixões opostas, pois tendo cidade e tropas nas mãos, o exército inimigo comandado por Antonio de Leyva a três passos, e nós sem suspeitarmos de seu ato, era-lhe possível ter feito pior do que fez. Pois por sua traição não perdemos nem homem, nem cidade, a não ser Fossano, e isso depois de tê-la disputado por longo tempo.

Prudens futuri temporis exitum
Caliginosa nocte premit Deus,
Ridétque si mortalis ultra
Fas trepidat.

Ille potens sui
Laetúsque deget, cui licet in diem
Dixisse, vixi, cras, vel atra
Nube polum pater occupato,
Vel sole puro.[1]

Laetus in praesens animus, quod ultra est,
Oderit curare.[2]

---

1. "Um Deus sensato oculta com uma noite espessa o fim de nossa vida, e ele ri se um mortal leva sua inquietude mais longe do que Ele permitiu. É senhor de si e vive feliz aquele que pode dizer: 'Vivi cada dia; que amanhã o Pai preencha o céu com uma nuvem negra ou com um sol resplandecente'", Horácio, *Odes*, III, XXIX, 29-32 e 41-45. (N.E.)
2. "O espírito satisfeito com o presente terá horror de se ocupar daquilo que está além", Horácio, *Odes*, II, XVI, 25-26. (N.E.)

E aqueles que acreditam nas seguintes palavras, pelo contrário, o fazem erradamente: *Ista sic reciprocantur, ut et si divinatio sit, dii sint; et si dii sint, sit divinatio.*[1] Muito mais sensatamente, Pacúvio diz:

> *Nam istis qui linguam avium intelligunt,*
> *Plúsque ex alieno jecore sapiunt, quàm ex suo,*
> *Magis audiendum quàm auscultandum censeo.*[2]

Essa tão celebrada arte de adivinhar dos toscanos nasceu da seguinte maneira. Um lavrador, abrindo profundamente a terra com a relha de seu arado, viu surgir Tages, semideus de rosto infantil mas com a sabedoria de um ancião. Todos acorreram, e suas palavras e ciência, contendo os princípios e os meios dessa arte, foram recolhidas e conservadas por vários séculos. Nascimento adequado a seu desenvolvimento. Eu preferiria resolver meus assuntos pela sorte dos dados do que por essas ilusões. E na verdade em todos os Estados sempre se deixou boa parte de autoridade ao acaso. Platão, na organização política que imagina com discernimento, atribui-lhe a decisão de vários atos de importância, e quer, entre outras coisas, que os casamentos aconteçam por sorteio entre os bons. E dá tão grande peso a essa escolha fortuita que ordena que os filhos que deles nasçam sejam educados no país, e aqueles que nasçam dos maus sejam postos para fora. No entanto, se algum desses banidos, por algum acaso, ao crescer viesse a demonstrar alguma

---

1. "Esses argumentos são recíprocos: se há adivinhação, é porque há deuses, e se há deuses, há adivinhação", Cícero, *De divinatione*, I, VI, 10. (N.E.)
2. "Pois quanto àqueles que entendem a linguagem dos pássaros, e que conhecem melhor o fígado de um animal do que seu próprio coração, considero melhor ouvi-los do que consultá-los", versos de Pacúvio, citados por Cícero, *De divinatione*, I, LVII, 131. (N.E.)

boa esperança em sua pessoa, que se pudesse chamá-lo de volta, e que também se pudesse exilar aquele dentre os eleitos que na adolescência demonstrasse pouca esperança. Vejo pessoas que estudam e interpretam calendários, e invocam sua autoridade nas coisas que acontecem. De tanto falarem, é preciso que digam verdades e mentiras. *Quis est enim, qui totum diem jaculans, non aliquando conlineet?*[1] Não os considero em nada melhores ao vê-los acertar por acaso. Haveria mais certeza se tivessem por regra e princípio sempre mentir. Acrescente-se que ninguém toma nota de seus fracassos, visto que são corriqueiros e infinitos; e suas adivinhações são valorizadas por serem raras, inacreditáveis e prodigiosas. Diágoras, que foi apelidado de o Ateu, estando na Samotrácia, foi assim questionado por aquele que, mostrando-lhe no templo muitas oferendas e quadros daqueles que tinham escapado ao naufrágio: "Pois bem, vós que pensais que os deuses não se ocupam das coisas humanas, o que dizeis de tantos homens salvos pela graça divina?". "Acontece que aqueles que se afogaram", respondeu Diágoras, "em muito maior número, não foram pintados." Cícero diz que apenas Xenófanes Colofânio, dentre todos os filósofos que reconheceram os deuses, tentou erradicar todos os tipos de adivinhação. É ainda menos surpreendente que tenhamos visto, por vezes em prejuízo próprio, algumas de nossas almas principescas se deterem nessas veleidades. Eu teria gostado de ver com meus próprios olhos essas duas maravilhas: o livro de Joaquim, abade calabrês, que predizia todos os papas futuros, com nomes e características; e o livro de Leão, o imperador, que predizia os imperadores e patriarcas da Grécia. O que vi com meus olhos foi que os homens,

---

1. "Quem, de fato, atirando o dia inteiro, não acaba acertando o alvo?", Cícero, *De divinatione*, II, LXIX, 121. (N.E.)

nas confusões públicas, atordoados por seus destinos, se põem a procurar no céu, bem como em qualquer superstição, as causas e ameaças prévias de suas desgraças. E eles são tão surpreendentemente bons nisso, em minha época, que me persuadiram de que, como se trata de um divertimento de espíritos perspicazes e ociosos, aqueles que estão acostumados a essa sutileza de contê-las e resolvê-las seriam capazes de encontrar em todos os escritos tudo o que a eles perguntassem. Mas acima de tudo lhes presta bons trunfos o falar obscuro, ambíguo e fantástico do jargão profético, a que seus autores não dão um sentido claro, a fim de que a posteridade possa atribuir-lhe aquele que lhe agradar. O demônio de Sócrates talvez fosse um impulso da vontade, que se apresentava a ele sem o conselho da razão. Em uma alma bem refinada, como a sua, e preparada por contínuo exercício de sabedoria e de virtude, é verossímil que essas inclinações, apesar de irrefletidas e confusas, fossem sempre importantes e dignas de serem seguidas. Cada qual sente em si algum reflexo dessas agitações de uma ideia súbita, veemente e fortuita. Cabe a mim reconhecer-lhes certa validade, eu que reconheço tão pouca à nossa prudência. Tive-as igualmente fracas em razão e violentas em persuasão ou, mais comuns a Sócrates, em dissuasão, e deixei-me levar por elas com tanto proveito e felicidade que poderiam ser consideradas como tendo algo de inspiração divina.

Capítulo XII
Da constância

A lei da firmeza e da constância não menciona que não devamos nos proteger, tanto quanto estiver em nosso poder, dos males e inconvenientes que nos ameaçam, nem, consequentemente, que não devamos ter medo de que eles nos surpreendam. Ao contrário, todos os meios honestos de se defender dos males são não apenas permitidos como louváveis. E o jogo da constância se joga principalmente suportando sem medo as provações para as quais não há remédio algum. De maneira que não há agilidade de corpo nem manejo de armas que achemos ruim, quando eles servem para nos defender do golpe que nos desferem. Diversas nações muito belicosas se serviam, em seus feitos militares, da fuga como principal vantagem, e mostravam as costas ao inimigo com mais perigo do que o rosto. Os turcos mantêm algo disso. E Sócrates, em Platão, zomba de Laques, que assim definira a coragem: manter-se firme em sua posição contra os inimigos. "O quê?", diz ele, "Seria então covardia vencê-los recuando?" E invoca Homero, que louva em Eneias a ciência da fuga. E como Laques, se desdizendo, reconhece esse costume aos citas, e por fim, de maneira geral, a todos os soldados de cavalaria, ele ainda invoca o exemplo dos soldados de infantaria da Lacedemônia (nação mais do que todas levada a combater com pé firme), que na batalha de Plateia, não conseguindo desfazer a falange persa, ousaram se afastar e recuar, para, fazendo crer que fugiam, romperem e dissolverem aquela massa, fazendo-a persegui-los. Assim se granjearam a vitória. No tocante aos citas, dizem sobre eles que, quando Dario avançou para subjugá-los, fez ao rei deles muitas críticas por vê-lo sempre recuando à sua frente e esquivando-se do confronto. Ao que Indatirse (pois assim se chamava ele) respondeu que o fazia não por ter medo dele, nem de nenhum homem vivo, mas porque aquela era a maneira de marchar de sua nação, que não tinha nem terra cultivada, nem cidade, nem casa a defender, e não tinha a temer que o inimigo delas tirasse proveito. Mas, se Dario estivesse com tanta gana, que se aproximasse para ver o lugar das antigas sepulturas citas, porque ali encontraria com quem falar até a saciedade. No entanto, durante as canhonadas, quando somos apontados como alvo, o que frequentemente acontece em circunstâncias de guerra, não convém se pôr em movimento ante a ameaça do tiro, visto que sua violência e velocidade o tornam inevitável, e muitos, por terem levantado a mão ou baixado a cabeça, no mínimo despertaram o riso dos companheiros. No entanto, quando da expedição que o imperador Carlos V empreendeu contra nós na Provença, o marquês del Vasto foi fazer o reconhecimento da cidade de Arles e, colocando-se fora da proteção de um moinho de vento, graças ao qual se aproximara, foi percebido pelo senhor de Bonneval e pelo senescal de Agenais, que passeavam pelo teatro de arena, e que o indicaram ao senhor de Villiers, comissário de artilharia. Este direcionou tão certeiramente uma colubrina que, se o dito marquês, vendo fazerem fogo, não tivesse se atirado para o lado, teria recebido o tiro no corpo. Da mesma forma, alguns anos antes, Lorenzo de Médici, duque de Urbino, pai da rainha mãe do rei, sitiando Mondolfo, fortaleza italiana, nas terras ditas do vicariado, e vendo colocarem fogo numa peça de artilharia apontada para ele, mergulhou como um pato, o que muito lhe foi útil, pois de outro modo o tiro, que apenas lhe roçou o topo da cabeça, sem dúvida o teria acertado no estômago.[1] Para dizer a verdade, não creio que esses movimentos sejam feitos de maneira premeditada, pois como avaliar a mira alta ou baixa em coisa tão súbita? É muito mais fácil acreditar que a sorte favoreceu o pavor deles, e que esta seria, em outro momento, tanto uma maneira de se expor ao tiro quanto de evitá-lo. Não posso me impedir de estremecer quando o ruído estrondoso de uma arcabuzada vem me ferir os ouvidos de imprevisto, em lugar onde não deveria esperar por ele; o que vi também acontecer a outros que valem mais do que eu. Tampouco consideram os estoicos que a alma do sábio possa resistir às primeiras visões e fantasias que lhe sobrevêm; ao contrário, como a uma sujeição natural, consentem que ele fraqueje ante um grande estrondo do céu ou de uma ruína, por exemplo, até a palidez e a contração. Assim também com as outras paixões, desde que seu julgamento permaneça salvo e intacto, e que a firmeza de sua razão não sofra dano nem qualquer alteração, e que ele não ceda ao temor e ao sofrimento. Para aquele que não é sábio, acontece o mesmo na primeira parte, mas exatamente o contrário na segunda. Pois a impressão das paixões nele não permanece superficial; ao contrário, vai penetrando até o cerne de sua razão, infectando-a e corrompendo-a. Ele julga segundo elas, e a elas se submete. Vede precisa e plenamente o estado do sábio estoico:

---

1. O episódio do cerco de Mondolfo, ao sul de Fano, data de 1517. (N.E.)

Mens immota manet, lacrymae voluntur inanes.[1]

O sábio peripatético não se exime das perturbações, ele as modera.

---
1. "Sua alma permanece firme, as lágrimas derramam em vão", Virgílio, *Eneida*, IV, 449. Montaigne cita o verso segundo Santo Agostinho (*A cidade de Deus*, IX, IV). (N.E.)

Capítulo XIII
Cerimônia de encontro dos reis

Não há assunto tão vão que não mereça um lugar nesta rapsódia. Segundo nossas regras correntes, seria uma notável descortesia para com um igual, e mais ainda para com um grande, deixardes de estar em vossa casa quando ele vos tivesse avisado que compareceria. A rainha de Navarra, Margarida, inclusive acrescentava a esse propósito que era incivilidade de um fidalgo sair de sua casa, como ocorre na maioria das vezes, para ir ao encontro daquele que vem encontrá-lo, por mais importante que ele seja, e que é mais respeitoso e civilizado esperar para recebê-lo, mesmo que por medo de não encontrá-lo, e que basta acompanhá-lo à sua partida. Quanto a mim, com frequência esqueço um e outro desses vãos deveres, bem como em minha casa suprimo tanto quanto posso a cerimônia. Alguns se ofendem com isso; o que posso fazer? Melhor que eu os ofenda uma vez, do que a mim mesmo todos os dias, o que seria uma constante opressão. De que serve fugir da submissão das cortes, se a levamos para nosso refúgio? É também regra comum a todas as assembleias caber aos menos importantes chegar primeiro à convocação, visto que convém melhor aos mais em evidência se fazerem esperar. No entanto, no encontro que foi organizado entre o papa Clemente e o rei Francisco, em Marselha, tendo o rei ordenado os preparativos necessários, afastou-se da cidade e concedeu ao papa dois ou três dias para sua chegada e descanso, antes de ir a seu encontro. Da mesma forma, à entrada do papa e do imperador em Bolonha, o imperador possibilitou ao papa chegar primeiro, e se apresentou depois dele. É, dizem, cerimonial corrente nos encontros de tais príncipes que o mais importante esteja antes dos outros no lugar designado, inclusive antes daquele em cujas terras acontece a assembleia; e assim fazem a fim de que esta aparência demonstre que os inferiores é que vão ao encontro do mais importante, e o solicitam, e não este a eles. Não apenas cada país, mas cada cidade e cada profissão têm seu código de civilidade particular. Fui nelas instruído com bastante cuidado em minha infância e vivi em bastante boa companhia para não ignorar as regras de nossa civilidade francesa; poderia ensiná-las. Gosto de segui-las, mas não tão servilmente que minha vida fique a elas constrangida. Elas têm algumas formas incômodas, mas contanto que as esqueçamos por discernimento, não por erro, não deixamos de por elas obter reconhecimento. Tenho visto homens incivilizados por civilidade demais, e inoportunos em sua cortesia. Trata-se, de resto, de ciência muito útil a da sociabilidade. Ela é, como a graça e a beleza, mediadora dos primeiros contatos na sociedade e na intimidade; consequentemente, abre-nos portas para instruir-nos pelos exemplos dos outros, e para fazer valer e produzir o nosso exemplo, se este tiver algo de instrutivo e comunicável.

Capítulo XIV
São punidos aqueles que sem razão se obstinam numa fortaleza

A valentia tem seus limites, como as outras virtudes. Transpostos estes, nos encontramos no caminho do vício. De forma que através dela podemos chegar à temeridade, à obstinação e à loucura, se não conhecermos bem seus marcos, na verdade difíceis de distinguir em seus confins. Dessa consideração nasceu o costume que temos nas guerras de punir, inclusive com a morte, aqueles que se obstinam em defender uma fortaleza que pelas regras militares não pode ser mantida. Senão, com esperança de impunidade, não haveria casinhola que não detivesse um exército. O sr. condestável de Montmorency, no cerco de Pávia, tendo sido nomeado para atravessar o Tessino e se instalar no subúrbio de Santo Antônio, ao ser impedido de fazê-lo por uma torre ao fim da ponte, que se obstinava em resistir até a derrota, mandou enforcar todos os que estavam lá dentro. E outra vez, mais tarde, acompanhando o sr. delfim em viagem além-montes, tendo tomado à força o castelo de Villane, e tudo o que estava dentro dele tendo sido destroçado pela fúria dos soldados, com exceção do capitão e do porta-estandarte, ele os mandou enforcar e estrangular por esta mesma razão. Como fez também o capitão Martin du Bellay quando governador de Turim, nessa mesma região, ao capitão de Saint-Boni, tendo o resto de seus homens sido massacrado quando da tomada da fortaleza. Mas visto que o julgamento do valor e da fraqueza do local é feito pela estimativa e pelo contrapeso das forças que o assaltam (pois teria razão quem se obstinasse em resistir a duas colubrinas, mas seria louco se enfrentasse trinta canhões), ainda sendo preciso levar em consideração a grandeza do príncipe conquistador, sua reputação e o respeito que lhe é devido, há perigo que se faça pender a balança um pouco para este lado. E por esses mesmos motivos acontece de alguns terem tão grande opinião de si e de seus meios que, não lhes parecendo razoável haver alguém digno de lhes fazer frente, passam no fio da espada todos aqueles em quem encontram resistência enquanto a sorte lhes durar. Como se vê pelas formas de intimação e desafio que os príncipes do Oriente e seus sucessores ainda têm por prática, formas cruéis, arrogantes e cheias de uma autoridade barbaresca. E, na região onde os portugueses investiram contra as Índias, eles encontraram governos com a lei universal e inviolável de que todo inimigo vencido pelo rei em pessoa ou por seu lugar-tenente não pode negociar nem seu resgate, nem seu perdão. Assim, acima de tudo é preciso, para quem puder, evitar cair nas mãos de um juiz inimigo, vitorioso e armado.

Capítulo XV
Da punição da covardia

Ouvi outrora um príncipe e muito importante capitão declarar que por falta de coragem um soldado não podia ser condenado à morte; estando à mesa, haviam-lhe feito o relato do processo do senhor de Vervins, que foi condenado à morte por ter entregado Bolonha. Na verdade, é justo que se faça grande diferença entre os erros que vêm de nossa fraqueza e os que vêm de nossa maldade. Pois nestes nos opomos conscientemente às regras da razão, gravadas em nós pela natureza; e naqueles parece que podemos invocar para nos desculpar esta mesma natureza, por nos ter deixado em semelhante estado de imperfeição e fraqueza. De maneira que muitas pessoas pensaram que só podemos ser responsabilizados pelo que fazemos contra nossa consciência. Sobre essa regra está em parte fundamentada a opinião daqueles que condenam as punições capitais aos heréticos e descrentes; e a que estabelece que um advogado e um juiz não podem ser incriminados se por ignorância falharem em suas tarefas. Quanto à covardia, porém, é certo que a atitude mais comum é puni-la pela vergonha e pela ignomínia. Considera-se que essa regra foi primeiramente posta em prática pelo legislador Carondas, e que antes dele as leis da Grécia puniam com a morte aqueles que tinham fugido de uma batalha, mas ele ordenou apenas que estes ficassem por três dias sentados no meio da praça pública, vestidos com roupas de mulher, esperando ainda poder utilizá-los depois de devolver-lhes a coragem com essa vergonha. *Suffundere malis hominis sanguinem quàm effundere.*[1] Parece também que as leis romanas antigamente puniam de morte aqueles que tinham fugido. Pois Amiano Marcelino diz que o imperador Juliano condenou dez de seus soldados, que tinham virado as costas a um ataque contra os partos, a serem degredados e depois mortos, seguindo, diz ele, as antigas leis. No entanto, em outra parte, por falta semelhante, ele condenou outros a somente permanecer entre os prisioneiros e marchar com as bagagens. A dura punição do povo romano aos soldados fugidos de Canas, e, nesta mesma guerra, aos que acompanharam Cneu Fúlvio em sua derrota, não chegou à morte. Assim, é de se temer que a vergonha os desespere, e os torne não apenas amigos indiferentes como também inimigos. No tempo de nossos pais, o senhor de Frauget, outrora lugar-tenente da companhia do marechal de Châtillon, tendo sido nomeado pelo marechal de Chabannes governador de Hondarribia no lugar do senhor de Lude, e tendo-a entregado aos espanhóis, foi condenado a ser destituído de nobreza, e tanto ele quanto sua posteridade declarados plebeus, submetidos ao imposto da talha e impedidos de usar armas; essa severa sentença foi executada em Lyon. Depois sofreram igual punição todos os fidalgos que se encontravam em Guise, quando o conde de Nassau lá entrou; e outros mais desde então. No entanto, quando houvesse ignorância ou covardia tão grosseira e manifesta que ultrapassasse todas as usuais, seria justo considerá-la suficiente prova de maldade e malícia, e puni-la como tal.

---

1. "Fazer antes o sangue subir às bochechas do acusado do que derramá-lo", Tertuliano, *Apologética*, IV, 9. (N.E.)

Capítulo XVI
Uma característica de alguns embaixadores

Observo em minhas viagens, para sempre aprender alguma coisa pela comunicação com os outros (que é uma das mais belas escolas que possa haver), a prática de sempre levar aqueles com quem converso a falar das coisas que conhecem melhor.

> *Basti al nocchiero ragionar de' venti*
> *Al bifolco dei tori, e le sue piaghe*
> *Conti 'l guerrier, conti 'l pastor gli armenti.*[1]

Pois no mais das vezes acontece, pelo contrário, que cada um escolhe antes discorrer sobre o ofício de outro do que sobre o seu, esperando com isso adquirir uma nova reputação. Atesta-o a censura que Arquídamo fez a Periandro, de que este abandonava a fama de bom médico para adquirir a de mau poeta. Vede como César se demora longamente expondo-nos suas invenções para construir pontes e instrumentos de guerra; e como, em comparação, ele vai se restringindo quando fala das funções de sua profissão, de sua valentia e do comando de sua milícia. Seus feitos o confirmam suficientemente como excelente capitão; ele quer ser conhecido como excelente engenheiro, qualidade um tanto estranha. O velho Dionísio era um grande chefe de guerra, como convinha a sua condição, mas ele se preocupava em

---

1. "Basta que o marinheiro fale dos ventos, que o lavrador, dos touros, que o soldado conte seus ferimentos, e o pastor, seus animais", Propércio II, I, 43-45; versos traduzidos por S. Guazzo, *La civil conversatione*. (N.E.)

ter como principal recomendação de si a poesia, e no entanto nada sabia sobre ela. Um homem de profissão jurídica, levado há algum tempo para ver um gabinete guarnecido com todos os tipos de livros de seu ofício, e todos os outros ofícios, não encontrou ali nada o que comentar, mas pôs-se a criticar dura e doutamente uma barricada colocada na escada do gabinete, que cem capitães e soldados viam todos os dias sem crítica e sem ofensa.

Optat ephippia bos piger, optat arare caballus.[1]

Agindo assim, nunca fazeis algo que valha. Portanto, é preciso trabalhar para sempre devolver o arquiteto, o pintor, o sapateiro, e também os outros, cada um a sua competência. Com esse propósito, à leitura da história, que é assunto todo tipo de pessoas, acostumei-me a observar quem são seus escritores. Se são pessoas que não têm outra profissão que as letras, delas aprendo principalmente o estilo e a linguagem. Se são médicos, acredito mais facilmente naquilo que dizem sobre a temperatura do ar, a saúde e a compleição dos príncipes, os ferimentos e doenças. Se jurisconsultos, deles é preciso aprender as controvérsias dos direitos, as leis, a organização dos governos e coisas semelhantes. Se teólogos, os assuntos da Igreja, censuras eclesiásticas, dispensas e casamentos. Se cortesãos, os costumes e as cerimônias. Se homens de guerra, aquilo que é de seu encargo, e principalmente os relatos das façanhas de que participaram em pessoa. Se embaixadores, as manobras, os acordos e as práticas, e a maneira de conduzi-las. Por esse motivo, aquilo que em outro eu teria deixado passar,

---

1. "O boi indolente sonha com uma sela, o cavalo sonha arar", Horácio, *Epístolas*, I XIV, 43. (N.E.)

sem me deter, avaliei e observei na história do senhor de Langey, muito entendido em tais coisas. Ele narra as belas reprimendas do imperador Carlos V feitas no consistório em Roma, em presença do bispo de Mâcon e do senhor de Velly, nossos embaixadores, às quais ele entremeara diversas palavras ultrajantes contra nós, entre outras que, se seus capitães e soldados não tivessem mais fidelidade e competência na arte militar do que os do rei da França, ele imediatamente amarraria uma corda ao pescoço para ir pedir-lhe misericórdia. E nisso parece que Carlos V acreditava, pois duas ou três vezes em sua vida depois disso aconteceu-lhe de repetir essas mesmas palavras. Ele também desafiou o rei a lutar em mangas de camisa, com a espada e o punhal, dentro de um barco. O dito senhor de Langey, seguindo sua história, acrescenta que os ditos embaixadores, enviando um despacho ao rei sobre aquelas coisas, dissimularam-lhe a maior parte, inclusive ocultando os dois últimos pontos. Ora, achei bastante estranho que estivesse no poder de um embaixador tomar liberdades com as informações que deve passar a seu senhor, sobretudo de tal consequência, vindos de tal pessoa e ditos em tão grande assembleia. E a mim pareceria ser a função do servidor fielmente apresentar as coisas por inteiro, como aconteceram, a fim de que a liberdade de ordenar, julgar e escolher continuasse cabendo ao senhor. Pois alterar-lhe ou esconder-lhe a verdade, por medo de que ele a interprete de maneira diferente da que deve e que isto o leve a alguma má decisão, fazendo-o, entretanto, desconhecedor de seus assuntos, isto a mim pareceria caber àquele que outorga a lei, não àquele que a recebe, ao curador e ao preceptor, não àquele que deve se considerar como inferior, tanto em autoridade quanto também em prudência e sensatez. Seja como for, eu não gostaria de ser servido dessa maneira em minha modesta condição. Tão facilmente nos subtraímos ao comando, por qualquer pretexto, e o usurpamos quando dominados, tão naturalmente todos aspiram à liberdade e à autoridade, que ao superior nenhuma qualidade deve ser tão valiosa, vindos daqueles que o servem, quanto a simples e sincera obediência. Corrompemos a função do comandante quando obedecemos exercendo nosso próprio discernimento, não por sujeição. P. Crasso, aquele que os romanos consideraram cinco vezes feliz, quando era cônsul na Ásia, tendo comunicado a um engenheiro grego que lhe fizesse trazer o maior dos dois mastros de navio que ele tinha visto em Atenas, para um instrumento de batalha que ele queria construir, este, devido a sua ciência, se atribuiu o direito de fazer outra escolha e levou o menor e, segundo as regras de sua arte, o mais adequado. Crasso, depois de pacientemente ouvir seus motivos, mandou muito corretamente açoitá-lo, pensando mais no prejuízo à disciplina do que no prejuízo à obra. Por outro lado, também se poderia considerar que obediência tão estrita cabe apenas às ordens precisas e preestabelecidas. Os embaixadores têm um encargo mais livre, que em vários aspectos depende soberanamente de suas qualidades. Eles não executam apenas, também formam e orientam com seus conselhos a vontade do senhor. Vi, em meu tempo, pessoas de comando criticadas por terem antes obedecido às palavras das cartas do rei do que às circunstâncias dos assuntos à sua volta. Os homens de discernimento ainda hoje reprovam a prática dos reis da Pérsia de deixar tão pouca iniciativa a seus agentes e lugares-tenentes, que às mínimas coisas precisavam esperar por ordens. Esse atraso, em domínios de tão grande extensão, muitas vezes causou notáveis prejuízos a seus assuntos. E Crasso, ao escrever a um homem do ofício, e informando-o do uso a que destinava aquele mastro, não parecia convidá-lo a debater e a intervir com sua própria decisão?

Capítulo XVII
Do medo

Obstupui, steteruntque comae, et vox faucibus haesit.[1]

Não sou um bom fisiologista (como dizem) e pouco sei por quais mecanismos o medo age em nós, mas de qualquer forma se trata de uma estranha paixão; dizem os médicos que nenhuma outra leva mais nosso julgamento para fora de seu estado normal. De fato, vi muitas pessoas se tornarem insensatas por medo; e no homem mais sensato é certo que, enquanto durar sua manifestação, ele engendra terríveis vertigens. Deixo à parte o vulgo, para quem ora faz aparecer os bisavós saídos do túmulo e envoltos em seus sudários, ora lobisomens, duendes e quimeras. Mas, entre os próprios soldados, em quem deveria encontrar menos lugar, quantas vezes transformou um rebanho de ovelhas em esquadrão de couraceiros? Juncos e caniços em soldados e lanceiros? Nossos amigos em nossos inimigos? E a cruz branca na vermelha?[2] Quando o senhor de Bourbon tomou Roma, um porta-estandarte que estava de guarda no burgo São Pedro foi tomado de tanto temor ao primeiro alarme que, com o estandarte em punho, se atirou pelo buraco de uma ruína para fora da cidade direto nos inimigos, pensando ir para dentro da cidade; e foi com grande dificuldade que, por fim vendo a tropa do senhor de Bourbon se enfileirar para detê-lo, por julgarem que fosse uma investida das

---
1. "Fiquei abismado, meus cabelos se eriçaram, e minha voz trancou em minha garganta", Virgílio, *Eneida*, II, 774. (N.E.)
2. As cruzes de cor branca eram usadas pelos calvinistas, e as cruzes de cor vermelha, pelos espanhóis (ou seja, católicos). (N.E.)

pessoas da cidade, ele reconheceu seu erro e, dando meia-volta, voltou por aquele mesmo buraco pelo qual saíra mais de trezentos passos campo afora. O mesmo não ocorreu tão bem com o porta-estandarte do capitão Julle, quando Saint-Paul nos foi tomada pelo conde de Bures e pelo senhor do Reu. Pois ficando tão perturbado de pavor, ao se atirar com todo seu estandarte para fora da cidade através de uma flecheira ele foi morto pelos sitiantes. E no mesmo cerco foi memorável o medo que cingiu, invadiu e gelou tão fortemente o coração de um fidalgo que ele caiu morto numa brecha, sem nenhum ferimento. Semelhante furor por vezes move toda uma multidão. Num dos combates de Germânico contra os alemães, duas grandes tropas tomaram, por pavor, duas rotas opostas, uma fugindo de onde a outra partia. Ora ele nos dá asas aos pés, como aos dois primeiros, ora ele nos prega os pés ao chão, e os trava, como se lê sobre o imperador Teófilo, que, numa batalha que perdeu contra os agarenos, ficou tão perturbado e tão transido que não conseguia decidir-se a fugir, *adeò pavor etiam auxilia formidat*[1], até que Manuel, um dos principais chefes de seu exército, tendo-o agarrado e sacudido, como para acordá-lo de um sono profundo, disse-lhe: "Se não me seguirdes, matar-vos-ei, pois é melhor perderdes a vida do que, sendo prisioneiro, chegardes a perder o império". Quando para seu serviço o medo nos devolve à valentia que subtraiu de nosso dever e de nossa honra, então ele expressa sua suprema força. Na primeira batalha em fileiras que os romanos perderam para Aníbal, sob o cônsul Semprônio, uma tropa de dez mil homens a pé, que foi tomada de pavor, não vendo por onde dar passagem a sua covardia, foi lançar-se em meio ao grosso

---

1. "tanto pavor teme inclusive os socorros", Quinto Cúrcio, III, XI, 12. (N.E.)

dos inimigos, que atravessou com extraordinário esforço, com grande massacre de cartagineses, pagando por uma fuga vergonhosa o mesmo preço que teria pagado por uma vitória gloriosa. Tenho mais medo disso do que do medo. Ele também ultrapassa em agruras todos os demais incidentes. Que emoção pode ser mais dura e legítima do que a dos amigos de Pompeu, que estavam em seu navio, espectadores daquele horrível massacre? No entanto, o medo das velas egípcias, que começavam a se aproximar, os sufocou de tal maneira que se observou que eles só se preocuparam em exortar os marinheiros a se apressarem e a se salvarem remando; até que, chegando a Tiro, livres de temor, puderam voltar o pensamento para a perda que acabavam de sofrer e dar rédea solta às lamentações e às lágrimas, que esta outra paixão mais forte até então suspendera.

> *Tum pavor sapientiam omnem mihi ex animo expectorat.*[1]

Os que foram bastante surrados em algum combate de guerra são levados no dia seguinte ao ataque, ainda feridos e ensanguentados. Mas os que sentiram um grande medo dos inimigos, não os faríeis nem mesmo olhá-los de frente. Aqueles que sentem um premente temor de perder seus bens, de serem exilados, de serem subjugados, vivem em constante angústia, esquecendo de beber, de comer e de descansar; enquanto os pobres, os banidos e os servos muitas vezes vivem tão alegremente quanto os demais. E as tantas pessoas que, não podendo suportar os golpes do medo, se enforcaram, se afogaram e se atiraram do alto nos ensinaram que ele é ainda mais

---

1. "Então o medo arranca de meu coração toda razão", Ênio, citado nas *Tusculanes* de Cícero, IV, VIII, 19. (N.E.)

importuno e insuportável do que a morte. Os gregos reconhecem outra espécie de medo, que não se explica nem mesmo por raciocínios extravagantes; vindo, dizem eles, sem causa aparente, de um impulso celeste. Povos inteiros muitas vezes se veem tomados por ele, bem como exércitos inteiros. Assim foi aquele que levou a Cartago extrema desolação. Só se ouviam gritos e vozes horrorizadas, viam-se os habitantes saírem de suas casas, como a um chamado de alarme, e se atacarem, ferirem e matarem uns aos outros, como se fossem inimigos que viessem ocupar a cidade. Tudo ficou em desordem e furor, até que, por orações e sacrifícios, apaziguaram a ira dos deuses. A isso chamam de terrores pânicos.

Capítulo XVIII
Que só se deve julgar sobre nossa felicidade após a morte

Scilicet ultima semper
Expectanda dies homini est, dicíque beatus
Ante obitum nemo, supremáque funera debet.[1]

As crianças conhecem, a respeito disso, a história do rei Creso, que, tendo sido capturado por Ciro e condenado à morte, exclamou no momento da execução: "Ó Sólon, Sólon!". Sendo isso relatado a Ciro, e tendo ele se perguntado o que aquilo significava, ficou sabendo por Creso que este verificava na própria pele o aviso que Sólon outrora lhe havia dado, de que os homens, por mais bela face que a fortuna lhes mostre, não podem chamar-se felizes até que se tenha visto passar o último dia de suas vidas, devido à incerteza e à variedade das coisas humanas, que com um leve movimento mudam de um estado para outro totalmente diverso. E por isso disse Agesilau a alguém que considerava feliz o rei da Pérsia, por ter chegado muito jovem a tão poderosa posição: "Sim, mas Príamo nessa idade não era infeliz". Ora os reis da Macedônia, sucessores do grande Alexandre, se tornam marceneiros e escrivães em Roma; ora os tiranos da Sicília se tornam preceptores em Corinto. De um conquistador da metade do mundo e imperador de tantos exércitos, faz-se um miserável suplicante aos biltres oficiais de um rei do Egito; tanto custou ao grande

---

[1] "É verdade, mas o homem sempre deve esperar seu último dia, e ninguém deve ser chamado de feliz antes de sua morte e de suas exéquias", Ovídio, *Metamorfoses*, III, 135-137. (N.E.)

Pompeu o prolongamento de cinco ou seis meses de vida. No tempo de nossos pais, Ludovico Sforza, décimo duque de Milão, sob quem toda a Itália fora agitada por tanto tempo, foi visto morrer prisioneiro em Loches, mas depois de ali ter vivido dez anos, o que é muito pior. A mais bela rainha, viúva do maior rei da cristandade, não acaba de morrer pela mão de um carrasco? Indigna e bárbara crueldade! Há mil exemplos como este. Pois parece que assim como as tormentas e tempestades se ofendem com o orgulho e a altura de nossas construções, também lá em cima há espíritos invejosos das grandezas aqui de baixo.

> *Usque adeó res humanas vis abdita quaedam*
> *Obterit, et pulchros fasces saevásque secures*
> *Proculcare, ac ludibrio sibi habere videtur.*[1]

E parece que a fortuna algumas vezes espreita muito oportunamente o último dia de nossa vida para mostrar sua força de derrubar em um instante o que ela construiu em longos anos, e nos faz gritar como Labério, *Nimirum hac die una plus vixi, mihi quàm vivendum fuit.*[2] Portanto se pode considerar razoável o bom conselho de Sólon. Mas visto que se trata de um filósofo, para os quais os favores e desgraças da fortuna não têm estatuto nem de felicidade, nem de infortúnio, e as grandezas e forças são imprevistos de qualidade mais ou menos indiferente, acho verossímil que ele tenha olhado mais para frente, e tencionado dizer que essa mesma felicidade de nossa vida, que depende da tranquilidade e do contentamento

---

1. "Tanto é verdade que uma força oculta derruba as coisas humanas, e parece pisar os orgulhosos feixes e machados consulares e deles fazer joguetes", Lucrécio, V, 1233-1235. (N.E.)

2. "Certamente vivi nesse dia um dia a mais do que eu deveria ter vivido", Macróbio, *Saturnales*, II, VII. (N.E.)

de um espírito bem nascido, e da resolução e da segurança de uma alma regrada, nunca deve ser atribuída ao homem até que ele tenha sido visto representar o último ato de sua comédia, e sem dúvida o mais difícil. Em todo o resto pode haver dissimulação: ou esses belos discursos da filosofia são em nós apenas aparência, ou os imprevistos não nos testam até o fim e nos dão a possibilidade de sempre manter o rosto sereno. Mas, nesse último ato da morte conosco, não há mais que fingir, é preciso falar francês; é preciso mostrar o que há de bom e de puro no fundo do pote.

> *Nam verae voces tum demum pectore ab imo*
> *Ejiciuntur, et eripitur persona, manet res.*[1]

Eis por que se deve nesse último ato avaliar e testar todas as outras ações de nossa vida. É o dia supremo, o dia juiz de todos os outros; é o dia, diz um antigo, que deve julgar todos os meus anos passados.[2] Remeto ao dia de minha morte a verificação do fruto de meus estudos. Veremos então se minhas palavras me saem da boca ou do coração. Tenho visto vários darem, com a morte, boa ou má reputação a toda uma vida. Cipião, sogro de Pompeu, restabeleceu, ao morrer bem, a má opinião que tinham tido dele até então. Epaminondas, interrogado sobre qual dos três estimava mais, Chabrias, Ificrates ou a si mesmo, respondeu: "É preciso nos ver morrer antes de poder decidir sobre isso". Na verdade, tiraríamos muito daquele que julgássemos sem a honra e a grandeza de seu fim. Deus assim o quis, mas em meu tempo três das pessoas mais execráveis que conheci em

---

1. "Então finalmente palavras sinceras saem do fundo do coração, a máscara é arrancada, resta apenas a realidade", Lucrécio, III, 57-58. (N.E.)

2. Sêneca, *Cartas a Lucílio*, XXVI e LXXXII. (N.E.)

total abominação de vida, e as mais infames, tiveram mortes regradas e em todas as circunstâncias compostas até a perfeição. Há mortes bravas e afortunadas. Vi a morte cortar o fio de uma vida em progresso maravilhoso, e dar a alguém na flor do desenvolvimento um fim tão pomposo que em minha opinião seus ambiciosos e corajosos desígnios não chegaram tão alto quanto sua interrupção. Ele alcançou, sem ir, o que pretendia, com mais grandeza e glória do que seu desejo e esperança comportavam. E superou, com sua queda, o poder e o renome que aspirava com sua marcha. No julgamento da vida dos outros, sempre olho para como se passou o fim, e um dos principais esforços da minha é que ele se passe bem, isto é, tranquila e silenciosamente.

Capítulo XIX
Que filosofar é aprender a morrer

Cícero diz que filosofar não é outra coisa que se preparar para a morte. É assim porque o estudo e a contemplação de certo modo retiram nossa alma de nós e mantêm-na afastada do corpo, o que constitui um aprendizado da morte e a ela se assemelha; ou então, porque toda a sabedoria e a razão do mundo se reduzem, no fim, a esse ponto, ensinar-nos a não ter medo de morrer. Na verdade, ou a razão zomba de nós, ou deve visar apenas a nosso contentamento, e todo seu trabalho tender, em suma, a fazer-nos viver bem, e a nosso gosto, como diz a Sagrada Escritura. Todas as opiniões do mundo dizem que nosso objetivo é o prazer, mesmo que para isso utilizem meios diversos, do contrário as afastaríamos de início. Pois quem escutaria aquele que como fim estabelecesse nosso pesar e sofrimento? As dissensões das seitas filosóficas, nesse caso, são apenas verbais. *Transcurramus solertissimas nugas.*[1] Há nelas mais obstinação e provocação do que convém a tão nobre profissão. Mas seja qual for o personagem que o homem assuma, ele sempre representa, ao mesmo tempo, o seu. Não importa o que digam, na própria virtude o fim último de nossa aspiração é a volúpia. Agrada-me martelar os ouvidos deles com essa palavra, que tão fortemente os desgosta; e se ela significa algum supremo prazer, e excessivo contentamento, convém como acompanhamento à virtude mais do que qualquer outro. Essa volúpia, por ser mais viva, nervosa, robusta, viril, apenas é mais seriamente

---

1. "Passemos essas bagatelas sutis demais", Sêneca, *Cartas a Lucílio*, CXVII, 30. (N.E.)

voluptuosa. Devíamos lhe dar o nome de prazer, mais favorável, mais doce e natural; não o de vigor, a partir do qual a denominamos. Se essa outra volúpia mais baixa merecesse esse belo nome, seria por concorrência, não por privilégio. Acho-a menos isenta de inconvenientes e dificuldades do que a virtude. Além de seu sabor ser mais momentâneo, fluido e obsoleto, ela tem suas vigílias, seus jejuns e seus trabalhos, e o suor e o sangue. E ademais, particularmente, sofrimentos dilacerantes de tantos tipos, e a seu lado uma saciedade tão pesada que equivale à penitência. Cometemos grande erro ao considerar que seus incômodos servem de estímulo e de condimento à sua doçura, como na natureza um contrário se vivifica por seu contrário, e ao dizer, quando tratamos da virtude, que semelhantes efeitos e dificuldades a oprimem e tornam austera e inacessível, pois, muito mais adequadamente que para a volúpia, eles enobrecem, aguçam e realçam o prazer divino e perfeito que a virtude nos concede. Por certo é muito indigno de sua companhia aquele que opõe seu custo a seu fruto, e dela não conhece nem as graças nem o uso. Aqueles que vão nos ensinando que sua busca é difícil e penosa, e sua fruição, agradável, o que nos dizem com isso, senão que ela é sempre desagradável? Pois por qual meio humano jamais se chegou à sua fruição? Os mais perfeitos se contentaram em aspirar a ela, e dela se aproximar, sem possuí-la. Mas eles se enganam, visto que a própria busca de todos os prazeres que conhecemos é aprazível. A iniciativa se ressente da qualidade da coisa a que visa, pois esta é uma boa parte do resultado, e dele inseparável. A felicidade e a beatitude que reluzem na virtude preenchem todas as suas dependências e avenidas, da primeira entrada à última barreira. Ora, um dos principais benefícios da virtude é o desprezo da morte, meio que provê nossa vida de uma suave tranquilidade, e que nos dá seu gosto puro e agradável sem o qual qualquer outra volúpia está extinta. Eis por que todas as regras se encontram e concordam nesse ponto. E apesar de também todas nos levarem, de comum acordo, a desprezar a dor, a pobreza e outros infortúnios a que a vida humana está sujeita, não se trata da mesma preocupação, tanto porque esses infortúnios não são tão necessários (a maioria dos homens passa suas vidas sem experimentar a pobreza, e outros ainda sem sentimento de dor e doença, como Xenófilo, o músico, que viveu 106 anos de perfeita saúde), quanto porque na pior hipótese a morte pode pôr fim e interromper, quando nos aprouver, a todas as outras adversidades. Mas quanto à morte, ela é inevitável.

> *Omnes eodem cogimur, omnium*
> *Versatur urna, serius ocius*
> *Sors exitura, et nos in arter-*
> *Num exitium impositura cymbae.*[1]

E, por conseguinte, se ela nos causa medo, é isso um contínuo motivo de tormento, que não se pode absolutamente aliviar. Não há lugar de onde ela não nos venha. Podemos virar a cabeça incessantemente para lá e para cá, como em terra suspeita, *quae quasi saxum Tantalo semper impendet.*[2] Nossos tribunais muitas vezes mandam executar os criminosos no local onde o crime foi cometido; durante o trajeto, passeai com eles por belas casas, recebei-os tão bem quanto vos aprouver,

---

1. "Todos somos levados para um mesmo ponto, a urna de todos é agitada, cedo ou tarde dela sairá a sorte que nos fará subir na barca para nosso fim eterno", Horácio, *Odes*, II, III, 25-28. (N.E.)
2. "Ela é como o rochedo sempre suspenso sobre Tântalo", Cícero, *De finibus*, I, XVIII, 60. (N.E.)

non Siculae dapes
Dulcem elaborabunt saporem,
Non auium, cytharaeque cantus
Somnum reducent.[1]

Pensais que eles podem se regozijar com isso? E que a intenção final de sua viagem, estando constantemente à frente de seus olhos, não lhes tenha alterado e esmorecido o gosto por todas essas comodidades?

Audit iter, numerátque dies, spatióque viarum
Metitur vitam, torquetur peste futura.[2]

O fim de nosso caminho é a morte, esse é o objeto necessário de nossa mira; se ela nos assusta, como é possível dar um passo à frente sem agitação? O remédio do vulgo é não pensar nela. Mas de que brutal estupidez pode ocorrer-lhe cegueira tão grosseira? É colocar a rédea na cauda do burro,

Qui capite ipse suo instituit vestiga retro.[3]

Não é surpresa que ele tantas vezes caia na armadilha. Assustamos nossa gente só em mencionar a morte, e a maioria faz o sinal da cruz, como ao nome do diabo. E porque se faz menção a ela nos testamentos, não espereis que neles metam mão antes que o médico lhes tenha dado a sentença final. E Deus sabe, então, entre a dor e o

---

1. "os festins da Sicília não mais oferecerão seu doce sabor, o canto dos pássaros ou o da cítara não mais devolverão o sono", Horácio, *Odes*, III, I, 18-21. (N.E.).
2. "Ele indaga o trajeto, conta os dias e mede sua vida pelo comprimento da estrada, ele é atormentado pelo mal por vir", Claudiano, *Contra Rufino*, II, 137-138. (N.E.)
3. "Aquele que decidiu caminhar com a cabeça virada para trás", Lucrécio, IV, 474. (N.E.)

temor, com que bom julgamento eles o dispõem. Porque essas sílabas atingiam com demasiada rudeza seus ouvidos, e essa palavra lhes parecia malfadada, os romanos tinham aprendido a enfraquecê-la ou diluí-la em perífrases. Em vez de dizer "ele morreu", dizem "ele cessou de viver", "ele viveu". Contanto que seja vida, mesmo que passada, eles se consolam. Disso tiramos nosso "finado fulano de tal". Talvez seja que o adiamento, como se diz, vale quanto pesa. Nasci entre onze horas e meio-dia do último dia de fevereiro de 1533, como contamos agora, começando o ano em janeiro. Faz justamente apenas quinze dias que passei dos 39 anos, ainda me falta no mínimo mais tanto quanto. Enquanto isso, enredar-se no pensamento de coisa tão distante seria loucura. Mas qual! Os jovens e os velhos deixam a vida da mesma maneira. Dela ninguém sai a não ser do mesmo jeito que nela tenha entrado. Tampouco há homem tão decrépito que não pense ainda ter vinte anos no corpo enquanto tiver Matusalém diante de si. Ademais, pobre louco que és, quem te estabeleceu os prazos de tua vida? Tu te baseias no que contam os médicos. Olha antes a realidade e a experiência. Pelo comum andar das coisas, vives há muito tempo por extraordinário favor. Ultrapassaste os prazos habituais de viver; e tanto é assim que, de teus conhecidos, faz a conta de quantos morreram antes de tua idade, mais do que os que a atingiram. E mesmo entre os que enobreceram sua vida pela reputação, faz deles o registro e apostarei encontrar mais que morreram antes do que depois dos 35 anos. Há plena razão e piedade em tomar o exemplo da própria humanidade de Jesus Cristo. Ora, ele terminou sua vida aos 33 anos. O maior homem, simplesmente homem, Alexandre, também morreu nessa idade. Quantas formas de surpresa a morte tem?

*Quid quisque vitet, nunquam homini satis
Cautum est in horas.*[1]

Deixo à parte as febres e as pleurisias. Quem jamais teria pensado que um duque da Bretanha deveria ser sufocado pela multidão, como foi aquele à entrada do papa Clemente, meu vizinho, em Lyon? Não viste um de nossos reis ser morto ao participar de um jogo? E um de seus ancestrais não morreu ao chocar-se com um porquinho? A Ésquilo, ameaçado pela queda de uma casa, de nada serviu se manter em alerta, foi abatido por uma carapaça de tartaruga que escapou das patas de uma águia no ar. Outro morreu de uma semente de uva. Um imperador, do arranhão de um pente ao pentear-se. Emílio Lépido, por ter batido o pé na soleira de sua casa. E Aufídio por ter se chocado, ao entrar, com a porta da Câmara do Conselho. E, entre as coxas das mulheres, Cornélio Galo, pretor, Tigelino, capitão da guarda de Roma, Ludovico, filho de Guy de Gonzaga, marquês de Mântua. E, de um exemplo ainda pior, Espêusipo, filósofo platônico, e um de nossos papas. O pobre Bébio, juiz, enquanto dava um prazo de oito dias a uma das partes, foi apanhado, tendo expirado o seu de viver. E Caio Júlio, médico, ungindo os olhos de um paciente, eis a morte fechou os seus. E se devo me intrometer, um irmão meu, o capitão Saint-Martin, aos 23 anos, que já dera boas provas de seu valor, ao jogar pela recebeu uma bolada que o acertou um pouco acima da orelha direita, sem nenhuma aparência de contusão ou ferimento, mas cinco ou seis horas depois morreu de uma apoplexia que o golpe lhe causou. Com esses exemplos tão frequentes e tão comuns nos passando diante dos olhos, como é

---

1. "Jamais o homem se protege o suficiente, de hora em hora, do perigo a evitar", Horácio, *Odes*, III, XIII, 13-14. (N.E.)

possível que consigamos nos desfazer do pensamento da morte, e que não nos pareça a cada instante que ela nos segura pela gola? Que importa como será, me direis, contanto que não nos preocupemos com isso? Sou da mesma opinião, e qualquer que seja a maneira com que possamos nos proteger dos golpes, mesmo que sob a pele de um bezerro, não sou homem de recuar, pois me basta passar os dias à minha vontade, e o melhor papel que posso atribuir-me, adoto-o, por menos glorioso e exemplar aos demais que vos pareça,

> *praetulerim delirus inérsque videri,*
> *Dum mea delectent mala me, vel denique fallant,*
> *Quàm sapere et ringi.*[1]

Mas é loucura pensar em chegar ao fim assim. Os homens vão, vêm, correm, dançam; da morte, nenhuma novidade. Tudo isso é bonito, mas quando ela chega, para eles ou para suas mulheres, seus filhos e amigos, surpreendendo-os desorientados e despreparados, que tormentos, que gritos, que raiva e que desespero os derreiam? Já vistes alguma vez alguém tão abatido, tão mudado, tão confuso? É preciso preparar-se para isso mais cedo. Essa despreocupação digna de animais, se pudesse instalar-se na cabeça de um homem de entendimento (o que acho totalmente impossível), nos venderia caro demais suas provisões. Se fosse um inimigo que se pode evitar, eu aconselharia empregar as armas da covardia, mas como isso não é possível, visto que ele vos alcança fugitivo e poltrão tanto quanto homem honrado,

---

1. "eu preferiria passar por louco ou por insensato, desde que meus males me agradem, ou pelo menos que eu não os veja, a ser sensato e enraivecer", Horácio, *Epístolas*, II, II, 126-128. (N.E.)

Nempe et fugacem persequitur virum,
Nec parcit imbellis juventae
Poplitibus, timidóque tergo.[1]

E nenhuma têmpera de couraça vos cobre,

Ille licet ferro cautus se condat in aere,
Mors tamen inclusum protrahet inde caput.[2]

Aprendamos a suportá-la com pé firme e a combatê-la. E para começar a retirar-lhe sua maior vantagem sobre nós, tomemos um caminho em tudo oposto ao comum. Retiremos dela a estranheza, pratiquemo-la, acostumemo-nos a ela, nada tenhamos com tanta frequência na cabeça quanto a morte, a todo instante apresentemo-la a nossa imaginação e em todos os aspectos. Ao tropeço de um cavalo, à queda de uma telha, à menor picada de alfinete, ruminemos de repente: "Pois bem, e se fosse a morte mesmo?". E, diante isso, retesemo-nos e reforcemo-nos. Entre as festas e a alegria, tenhamos sempre esse refrão da lembrança de nossa condição, e não nos deixemos levar ao prazer tão fortemente que por vezes não nos volte à memória de quantas maneiras essa nossa alegria é alvo da morte e com quantas capturas ela a ameaça. Assim faziam os egípcios, que, no meio de seus festins e entre suas melhores comidas, mandavam trazer a múmia de um homem para servir de advertência aos convivas.

---

1. "E por certo ele persegue também o fugitivo e não poupa nem os jarretes nem as costas temerosas de uma juventude sem valentia", Horácio, *Odes*, III, II, 14-16. (N.E.)
2. "Por mais que este se proteja do ferro cobrindo-se de aço, a morte mesmo assim descobrirá sua cabeça com capacete", Propércio, III, XVIII, 25-26. (N.E.)

Omnem crede diem tibi diluxisse supremum,
Grata superveniet, quae non sperabitur hora.[1]

É incerto onde a morte nos espera, esperemo-la em toda parte. Meditar sobre a morte é meditar sobre a liberdade. Quem aprendeu a morrer desaprendeu a servir. Não há nenhum mal na vida para aquele que entendeu bem que a privação da vida não é um mal. O saber morrer nos liberta de toda sujeição e coerção. Paulo Emílio respondeu àquele que o miserável rei da Macedônia, seu prisioneiro, lhe enviava para rogar-lhe que não o levasse em seu triunfo: "Que ele faça o pedido a si mesmo". Na verdade, em todas as coisas, se a natureza não cede um pouco, é difícil que a arte e o engenho avancem muito. Sou, por mim mesmo, não melancólico mas sonhador; não há nada de que eu me tenha desde sempre ocupado mais do que de imaginações sobre a morte; mesmo na época mais livre de minha vida,

Jucundum cùm aetas florida ver ageret.[2]

Entre as mulheres e os jogos, julgavam-me ocupado em digerir para mim mesmo algum ciúme, ou a incerteza de alguma esperança, enquanto eu pensava em alguém que fora surpreendido nos dias precedentes por uma febre alta, e pensava em seu fim ao partir de uma festa parecida, com a cabeça cheia de ócio, amor e bons momentos, como eu; e martelava-me isso em meus ouvidos:

---

1. "Considera como teu último dia aquele que reluz para ti; a hora que não esperarás mais virá para ti como uma graça", Horácio, *Epístolas*, I, IV, 13-14. (N.E.)
2. "Quando minha idade em flor vivia sua doce primavera", Catulo, LXVIII, 16. (N.E.)

Jam fuerit, nec post unquam revocare licebit.[1]

Eu não franzia a fronte com esse pensamento mais do que com outro. É impossível que desde o início não sintamos fisgadas de tais imaginações; mas ao manejá-las e repassá-las, a longo prazo, sem dúvida as domesticamos. Do contrário, de minha parte estaria em contínuo temor e frenesi, pois jamais um homem desconfiou tanto de sua vida, jamais um homem contou menos com sua duração. Nem a saúde, de que gozei até o presente muito vigorosa e poucas vezes interrompida, me prolonga a esperança, nem as doenças a encurtam. A cada minuto parece-me que escapo de mim. E repito-me sem cessar: "Tudo o que pode ser feito outro dia pode ser feito hoje". Na verdade, os acasos e perigos nos aproximam pouco ou nada de nosso fim; e se pensarmos que restam, afora esses infortúnios que mais parecem nos ameaçar, milhões de outros sobre nossas cabeças, descobriremos que, vigorosos ou febris, no mar e em nossas casas, em combate ou em repouso, ele está igualmente perto de nós. *Nemo altero fragilior est: nemo in crastinum sui certior.*[2] Para concluir o que tenho a fazer antes de morrer todo o tempo livre me parece curto, mesmo que para trabalho de uma hora. Alguém, folheando outro dia minhas anotações, encontrou um apontamento de alguma coisa, que eu queria que fosse feita depois de minha morte; disse-lhe, como era verdade, que estando a apenas uma légua de casa, sadio e vigoroso, eu me apressara a escrever aquilo por não estar seguro de chegar até minha casa. Como homem

---

1. "Ele já terá passado, e jamais poderemos chamá-lo de volta", Lucrécio, III, 915. (N.E.)
2. "Ninguém é mais frágil que outro, ninguém está mais seguro no dia seguinte", Sêneca, *Cartas a Lucílio*, XCI, 16. (N.E.)

que continuamente se aninha em seus pensamentos e os guarda para si, estou a todo momento preparado, o quanto possa estar, e nada de novo me anunciará a chegada da morte. É preciso estar sempre com as botas calçadas e pronto para partir, tanto quanto pudermos, e sobretudo nos precavermos para que então só tenhamos que lidar conosco mesmos.

> *Quid breui fortes jaculamur aevo*
> *Multa?*[1]

Pois teremos trabalho suficiente sem nada acrescentar-lhe. Um se queixa, mais do que da morte, que ela lhe interrompe o curso de uma bela vitória; outro, que precisa partir antes de ter casado sua filha, ou controlado a educação de seus filhos; um sente falta da companhia da mulher, outro, do filho, principais confortos de sua existência. Estou neste momento em tal situação, graças a Deus, que posso partir quando lhe aprouver, sem lamentar coisa alguma. Desfaço-me de tudo; minhas despedidas de cada um estão quase feitas, exceto de mim. Jamais um homem se preparou para deixar o mundo mais pura e plenamente, e se desprendeu mais universalmente do que espero fazer. As mortes mais mortas são as mais saudáveis:

> *miser ô miser (aiunt) omnia ademit*
> *Una dies infesta mihi tot praemia vitae.*[2]

E o construtor diz:

---

1. "Por que bravamente visar tantos objetivos quando a vida é tão breve?", Horácio, *Odes*, II, XVI, 17-18. (N.E.)
2. "infeliz que sou, ó infeliz, dizem eles, um único dia funesto me retira todos os bens da vida", Lucrécio, III, 898-899. (N.E.)

> *manent opera interrupta, minaeque*
> *Murorum ingentes.*[1]

Não se deve planejar nada de tão longo fôlego, ou ao menos com semelhante intenção de ardor para ver seu fim. Nascemos para agir:

> *Cùm moriar, medium soluar et inter opus.*[2]

Quero que os homens ajam, que prolonguem as atividades da vida, tanto quanto puderem; e que a morte me encontre plantando minhas couves, mas despreocupado com ela, e mais ainda de minha horta inacabada. Vi morrer um que, estando no fim, se queixava sem cessar de que seu destino cortava o fio da história que ele tinha em mãos sobre o décimo quinto ou décimo sexto de nossos reis.

> *Illud in his rebus non addunt, nec tibi earum*
> *Jam desiderium rerum super insidet una.*[3]

É preciso se livrar dessas crenças vulgares e nocivas. Assim como colocaram nossos cemitérios ao lado das igrejas, e nos lugares mais frequentados da cidade, para acostumar, dizia Licurgo, o baixo povo, as mulheres e as crianças a não se assustarem de ver um homem morto, e a fim de que esse contínuo espetáculo de ossadas, túmulos e cortejos nos advirta sobre nossa condição.

---

1. restam trabalhos interrompidos e imensas muralhas que ameaçam", Virgílio, *Eneida*, IV, 88. (N.E.)
2. "Quando morrer, que eu parta no meio de meu trabalho", Ovídio, *Amores*, II, X, 36. (N.E.)
3. "Mas, nesse ponto, eles não acrescentam o seguinte: 'E o lamento desses bens não te restará'", Lucrécio, III, 900-901. (N.E.)

Quin etiam exhilarare viris convivia caede
Mos olim, et miscere epulis spectacula dira
Certatum ferro, saepe et super ipsa cadentum
Pocula, respersis non parco sanguine mensis.[1]

E assim como os egípcios, depois de seus festins, faziam apresentar aos presentes uma grande imagem da morte, por alguém que lhes gritava: "Bebe e alegra-te, pois morto serás assim", também adquiri o costume de ter a morte não apenas na imaginação mas constantemente na boca. E não há nada de que me informe com tanto gosto como da morte dos homens: que palavra, que rosto, que atitude tiveram; nem trecho das histórias que observe com tanta atenção. Nota-se pela quantidade de meus exemplos que tenho particular afeição por este tema. Se eu fosse um fazedor de livros, faria um registro comentado das diversas mortes. Quem ensinasse os homens a morrer os ensinaria a viver. Dicearco fez um com título parecido, mas com outro e menos útil objetivo. Dir-me-ão que a realidade da morte ultrapassa de tão longe o pensamento que não há combate, por mais belo, que não se perca quando a ela se chega. Deixai-os falar; preparar-se sem dúvida dá grande vantagem. E, depois, não significa nada ao menos chegar até ela sem alteração e sem agitação? Há mais: a própria natureza nos estende a mão e nos dá coragem. Se é uma morte curta e violenta, não temos tempo de temê-la; se é outra, percebo que, à medida que penetro na doença, adentro naturalmente

---

· 1. "Bem mais, outrora era costume alegrar os festins com uma morte e misturar aos banquetes os espetáculos cruéis dos combatentes, que muitas vezes atingidos pelo gládio caíam sobre as próprias taças, esparramando copiosamente seu sangue em cima das mesas", Sílio Itálico, XI, 51-54, segundo Justo Lipsio, *Saturnalium libri*, I, VI. (N.E.)

em certo desdém pela vida. Acho que tenho bem mais dificuldade de digerir essa resolução de morrer, quando estou com saúde, do que tenho quando estou com febre. Visto que não mais me apego com tanta força às comodidades da vida à medida que dela começo a perder o uso e o prazer, vejo a morte com olhos bem menos assustados. Isso me faz esperar que quanto mais eu me afastar daquela e aproximar desta, mais facilmente eu concilie a troca de uma pela outra. Assim como experimentei em várias outras ocasiões aquilo que diz César, que as coisas muitas vezes nos parecem maiores de longe do que de perto, descobri que, saudável, eu tinha muito mais horror às doenças do que quando as sentia. A alegria em que estou, o prazer e a força fazem o outro estado parecer tão desproporcional a este que pela imaginação aumento em metade aqueles incômodos, e concebo-os mais pesados do que constato quando os tenho sobre os ombros. Espero que me aconteça o mesmo com a morte. Observemos, nessas mudanças e declínios habituais que sofremos, como a natureza nos impede a visão de nossa perda e deterioração. O que resta a um velho do vigor da juventude e da vida passada?

Heu senibus vitae portio quanta manet![1]

A um soldado de sua guarda, exausto e alquebrado, que na rua veio pedir-lhe permissão para se matar, César respondeu gracejando ao ver sua aparência decrépita: "Pensas então estar vivo".[2] Se caíssemos de repente nesse estado, não creio que fôssemos capazes de suportar semelhante mudança. Mas conduzidos pela mão

---

1. "Ai, que porção de vida resta aos velhos!", Pseudo-Galo ou Maximiano, I, 16. (N.E.)
2. Sêneca, *Cartas a Lucílio*, LXXVII, 16. (N.E.)

da natureza, por suave e como que insensível declive, pouco a pouco, degrau por degrau, ela nos arrasta para esse miserável estado e a ele nos acostuma. Da mesma forma, não sentimos nenhum abalo quando a juventude morre dentro de nós, o que, em essência e verdade, é uma morte mais dura que a morte completa de uma vida languescente e que a morte da velhice. Tanto que a queda da má-existência para a não existência não é tão difícil quanto a de uma existência doce e florescente para uma existência penosa e dolorosa. O corpo curvado e dobrado tem menos força para sustentar um fardo, nossa alma também. É preciso reerguê-la e educá-la contra o esforço desse adversário. Pois como é impossível que ela encontre repouso enquanto o temer, se também se fortalecer ela pode se vangloriar (que é coisa que ultrapassa a condição humana) de que é impossível que a inquietação, o tormento e o medo, ou o mínimo desprazer, nela se alojem.

> *Non vultus instantis tyranni*
> *Mente quatit solida, neque Auster*
> *Dux inquieti turbidus Adriae,*
> *Nec fulminantis magna Jovis manus.*[1]

Ela se torna senhora de suas paixões e concupiscências; senhora da indulgência, da vergonha, da pobreza e de todas as outras injúrias da fortuna. Ganhemos essa vantagem se pudermos; esta é a verdadeira e soberana liberdade, que nos dá com que fazer figa à força e à injustiça, e zombar das prisões e dos grilhões,

---

1. "O rosto de um tirano que ameaça não abala a firmeza de sua alma, nem o Auster, que reina furioso sobre o Adriático agitado, nem a grande mão de Júpiter fulminando", Horácio, *Odes*, III, III, 3-6. (N.E.)

in manicis, et
Compedibus, saevo te sub custode tenebo.
Ipse Deus, simul atque uolam, me soluet: opinor,
Hoc sentit, moriar mors ultima linea rerum est.[1]

Nossa religião não teve mais seguro fundamento humano que o desprezo pela vida. Não apenas a razão a isso nos chama, pois por que temeríamos perder uma coisa que, perdida, não pode ser lamentada? Mas, também, visto que somos ameaçados por tantas formas de morte, não há maior mal em temê-las todas do que em enfrentar uma? Que importa quando será, visto que é inevitável? Àquele que dizia a Sócrates: "Os trinta tiranos te condenaram à morte", ele respondeu: "E a natureza a eles". Que tolice nos afligirmos sobre o momento da passagem à isenção de todo tormento! Assim como nosso nascimento nos trouxe o nascimento de todas as coisas, assim nossa morte trará a morte de todas as coisas. Por isso, chorar porque daqui a cem anos não viveremos mais é loucura igual a chorar porque não vivíamos há cem anos. A morte é origem de outra vida; choramos, e nos custou entrar nesta, bem como nos despojamos de nosso antigo véu, nela entrando. Nada que é apenas uma vez pode ser importante. Será razoável temer por tanto tempo coisa de tão breve duração? Viver longo tempo e viver pouco tempo se tornam a mesma coisa com a morte. Pois longo e curto não cabem às coisas que não são mais. Aristóteles diz que há pequenos animais no rio Hípanis que só vivem um dia. O que morre às oito horas da manhã morre na juventude; o que morre às cinco da tarde morre em sua decrepitude. Quem de

---

1. "colocarei em torno de ti, entravado, ferros nas mãos e nos pés, uma guarda severa. 'Um Deus me libertará assim que eu quiser.' Penso que quer dizer: 'Morrerei'. A morte é o último limite das coisas", Horácio, *Epístolas*, I, XVI, 76-79. (N.E.)

nós não riria ao ver esse instante ser considerado ventura ou desventura? O mais e o menos em nossa vida, se a comparamos à eternidade, ou ainda à duração das montanhas, dos rios, das estrelas, das árvores e mesmo de certos animais, não é menos ridículo. Mas a natureza nos condena a isso. Saí, diz ela[1], desse mundo como nele entrastes. A mesma passagem que fizestes da morte à vida, sem paixão e sem temor, refazei-a da vida à morte. Vossa morte é uma das peças da ordem do universo, é uma peça da vida do mundo,

> *inter se mortaler mutua uiuunt,*
> *Et quasi cursores uitaï lampada tradunt.*[2]

Mudarei por vós essa bela organização das coisas? É a condição de vossa criação; a morte é uma parte de vós: fugis de vós mesmos. A existência de que usufruís é igualmente partilhada pela morte e pela vida. O primeiro dia de vosso nascimento vos encaminha para morrer como para viver.

> *Prima, quase vitam dedit, hora, carpsit.*[3]
> *Nascentes morimur, finisque ab origine pendet.*[4]

Tudo o que viveis, roubais da vida, é às suas custas. A contínua obra de vossa vida é construir a morte. Estais na morte enquanto estais em vida, pois estais depois da

---

1. Toda a prosopopeia da Natureza que segue e encerra o capítulo é uma paráfrase do livro III do *De natura rerum* de Lucrécio, combinada a elementos retirados de Sêneca. (N.E.)
2. "os mortais partilham a vida, e como os corredores eles se passam sua tocha", Lucrécio, II, 76 e 79. (N.E.)
3. "A primeira hora que nos deu a vida tomou-a de nós", Sêneca, *Hércules furioso*, III, 874. (N.E.)
4. "Ao nascermos, morremos, e o fim deriva da origem", Manílio, IV, 16. (N.E.)

morte quando não estais mais em vida. Ou, se assim preferis, estais morto depois da vida, mas durante a vida estais morrendo, e a morte toca bem mais brutalmente o moribundo do que o morto, e mais viva e essencialmente. Se haveis feito proveito da vida, estais saciado, ide-vos satisfeito.

Cur non ut plenus vitae conviva recedis?[1]

Se não soubestes usá-la, se ela vos era inútil, que vos importa tê-la perdido? Para que ainda a quereis?

cur amplius addere quaeris
Rursum quod pereat malè, et ingratum occidat
omne?[2]

A vida em si não é nem bem nem mal, é o lugar do bem e do mal, conforme nela os fazeis. E se vivestes um dia, vistes tudo: um dia é igual a todos os dias. Não há outra luz nem outra noite. Esse sol, essa lua, essas estrelas, essa disposição é a mesma que vossos antepassados usufruíram e que entreterá vossos bisnetos.

Non alium videre patres: aliumve nepotes
Aspicient.[3]

E, no pior dos casos, a distribuição e a variedade de todos os atos de minha comédia se completam em um ano. Se prestastes atenção ao movimento de minhas

---

1. "Por que não te retiras da vida como um conviva saciado?", Lucrécio, III, 938. (N.E.)
2. "por que procuras acrescentar-lhe um prazo que por sua vez se perderá miseravelmente e se desvanecerá por inteiro sem frutos?", Lucrécio, III, 941-942. (N.E.)
3. "Vossos pais não viram outros, e vossos bisnetos não verão outros", Manílio, I, 522-523. (N.E.)

quatro estações, elas abarcam a infância, a adolescência, a virilidade e a velhice do mundo. Ele jogou seu jogo: não conhece outro ardil salvo recomeçar; será sempre assim.

> *Versamur ibidem, atque insumus usque[1],*
> *Atque in se sua per vestigia uoluitur annus.[2]*

Não deliberei forjar-vos outros novos passatempos.

> *Nam tibi praeterea quod machiner, inveniámque*
> *Quod placeat, nihil est, eadem sunt omnia semper.[3]*

Dai lugar aos outros, como outros vos deram. A igualdade é a primeira peça da equidade. Quem pode se queixar de estar incluído onde todos estão incluídos? Assim, por mais que viverdes, nada subtraireis do tempo que tendes para estar morto: é inútil; estareis por tanto tempo nesse estado que temeis quanto se tivésseis morrido bebê.

> *licet, quod vis, vivendo vincere secla,*
> *Mors aeterna tamen, nihilominus illa manebit.[4]*

E vos colocarei em tal estado que não tereis nenhum descontentamento.

---

1. "Giramos no mesmo lugar, onde estamos presos", Lucrécio, III, 1080. (N.E.)
2. "O ano gira sobre si, repassando seus próprios vestígios", Virgílio, *Geórgicas*, II, 402. (N.E.)
3. "Pois não há nada que eu possa ainda fabricar e inventar que te agrade; são sempre as mesmas coisas", Lucrécio, III, 944-945. (N.E.)
4. "por mais que venças os séculos vivendo o que quiseres, a morte é eterna e não deixará de sê-lo", Lucrécio, III, 1090-1091. (N.E.)

In vera nescis nullum fore morte alium te,
Qui possit vivus tibi te lugere peremptum,
Stansque jacentem.¹

Nem desejareis a vida que tanto lamentais.

Nec sibi enim quisquam tum se vitámque requirit,
Nec desiderium nostri nos afficit ullum.²

A morte é menos temível que nada, se houver alguma coisa menos que nada,

multo mortem minus ad nos esse putandum,
Si minus esse potest quam quod nihil esse videmus.³

Ela não vos concerne nem morto, nem vivo. Vivo, porque existis; morto, porque não existis mais. Ademais, ninguém morre antes de sua hora. Aquilo que deixais de tempo não era mais vosso que aquele que se passou antes de vosso nascimento; e tampouco vos cabe.

Respice enim quam nil ad nos antè acta vetustas
Temporis aeterni fuerit.⁴

Onde vossa vida acabe, ela está toda ali. A utilidade do viver não está na extensão, está em seu uso. Fulano viveu muito tempo, que pouco durou. Espereis por isso

---

1. "Não sabes que não haverá na verdadeira morte um outro tu que, vivo e em pé, possa chorar-te morto e jacente", Lucrécio, III, 885-887. (N.E.)

2. "E ninguém reclama então a vida para si, e nenhum lamento de nós mesmos nos toca", Lucrécio, III, 919 e 922. (N.E.)

3. "precisamos pensar que a morte é bem menos ainda, se o que consideramos nada pode ser ainda menos", Lucrécio, III, 926-927. (N.E.)

4. "Olha de fato quanto não nos é nada a duração eterna do tempo que houve antes de nós", Lucrécio, III, 972-973. (N.E.)

enquanto aqui estais. Está em vossa vontade, não no número de anos, terdes vivido o bastante. Pensáveis nunca chegar ao lugar que vos dirigíeis incessantemente? Não há caminho que não tenha seu fim. E se a companhia pode aliviar-vos, o mundo não segue a mesma marcha que vós?

omnia te vita perfuncta sequentur.[1]

Tudo não se move com vosso movimento? Há coisa que não envelheça convosco? Mil homens, mil animais e mil outras criaturas morrem nesse mesmo instante em que morreis.

Nam nox nulla diem, neque noctem aurora sequuta est,
Quae non audierit mistos vagitibus aegris
Ploratus mortis comites et funeris atri.[2]

Para que recuais, se não podeis voltar atrás? Vistes muitos que se deram bem em morrer, evitando com isso grandes misérias. Mas vistes alguém que se tenha dado mal? É grande ingenuidade condenar algo que não experimentastes por vós nem por outro. Por que te queixas de mim e do destino? Causamos-te mal? Cabe a ti nos governar, ou nós a ti? Ainda que teu tempo não esteja concluído, tua vida está. Um homem pequeno é um homem completo, como um grande. Nem os homens nem suas vidas se medem aos palmos. Quíron recusou a imortalidade, informado das condições desta pelo próprio Deus do tempo e da duração, Saturno, seu pai. Imaginai, de fato,

---

1. "todas as coisas te seguirão na morte", Lucrécio, III, 968. (N.E.)
2. "Pois nenhuma noite sucedeu ao dia, nenhuma aurora à noite, onde não se ouviu, misturadas aos tristes vagidos, as lágrimas acompanhando a morte e os negros funerais", Lucrécio, II, 578-580. (N. E.)

como seria uma vida perpétua menos suportável ao homem, e mais penosa, do que é a vida que eu lhe dei. Se não tivésseis a morte, me amaldiçoaríeis incessantemente por ter-vos privado dela. Cientemente misturei a ela um pouco de amargura, para impedir-vos de, ao verdes a comodidade de seu uso, abraçá-la com demasiada avidez e sem discernimento. Para manter-vos nesta moderação que vos exijo, de nem fugir da vida, nem recuar diante da morte, temperei uma e outra entre a doçura e o amargor. Ensinei a Tales, o primeiro de vossos sábios, que o viver e o morrer eram indiferentes; por isso, àquele que lhe perguntou por que então ele não morria, ele respondeu muito sabiamente: porque é indiferente. A água, a terra, o ar e o fogo, e outros elementos desse meu edifício, não são mais instrumentos de tua vida que instrumentos de tua morte. Por que temes teu último dia? Ele não conduz à tua morte mais que cada um dos outros. O último passo não faz a lassidão, ele a anuncia. Todos os dias levam à morte, o último atinge-a. Eis as boas advertências de nossa mãe natureza. Ora, muitas vezes pensei de onde vinha o fato de que nas guerras o rosto da morte, seja quando o vemos em nós quanto em outro, nos parece incomparavelmente menos assustador do que em nossas casas, do contrário seria um exército de médicos e de chorões; e de que sendo ela sempre a mesma, que haja no entanto muito mais firmeza entre as pessoas das aldeias e de baixa condição do que entre as outras. Creio, na verdade, que são essas aparências e os cerimoniais assustadores de que a cercamos que nos causam mais medo do que ela: uma forma totalmente nova de viver, os gritos das mães, das mulheres e das crianças, a visita de pessoas comovidas e transidas, a assistência de um número de criados pálidos e lacrimosos, um quarto sem luz, velas acesas, nossa cabeceira cercada por médicos e pregadores, em suma, todo o horror e todo o pavor em torno de nós. Ei-nos já amortalhados e enterrados. As crianças têm medo até dos amigos quando os veem mascarados; nós também. É preciso retirar a máscara tanto das coisas quanto das pessoas. Quando for retirada, encontraremos sob ela apenas essa mesma morte pela qual um criado ou uma simples camareira passaram recentemente sem medo. Feliz a morte que não deixa tempo para os preparativos desse estado!

Capítulo XX
Da força da imaginação

Fortis imaginatio generat casum[1], dizem os clérigos. Sou daqueles que experimentam intensamente a força da imaginação. Todos são tocados por ela, mas alguns são derrubados. Seus efeitos me transpassam, e minha arte está em escapar-lhe, por falta de forças para resistir-lhe. Eu viveria somente da frequentação de pessoas sadias e alegres. A visão das angústias dos outros me angustia fisicamente; e meu sentimento muitas vezes usurpou o sentimento de um terceiro. Alguém tossindo constantemente irrita meu pulmão e minha garganta. Visito com menos boa vontade os doentes, aos quais o dever me une, do que aqueles a quem estou menos ligado e que considero menos. Apodero-me do mal que estudo, e estabeleço-o em mim. Não acho estranho que a imaginação provoque febres, e a morte, àqueles que a deixam agir e que a encorajam. Simon Thomas foi um grande médico em sua época. Lembro que ele, ao encontrar-me um dia em Toulouse, na casa de um rico ancião doente do pulmão, ao tratar com este os meios para sua cura, disse-lhe que um deles era dar-me motivo para comprazer-me em sua companhia, e que fixando os olhos no frescor de meu rosto, e o pensamento na alegria e no vigor que transbordavam de minha adolescência, e enchendo todos os sentidos com esse estado florescente em que eu então me encontrava, sua condição poderia melhorar. Mas ele esquecia de dizer que a minha, com isso, poderia piorar também. Galo Víbio tensionou tão bem a própria alma para compreender

---
1. "Uma imaginação forte produz o acontecimento." (N.E.)

a essência e os movimentos da loucura que levou seu julgamento a sair do prumo, tanto que nunca mais o restabeleceu; e podia vangloriar-se de ter enlouquecido por sabedoria. Há os que, de pavor, antecipam a mão do carrasco; e um que, liberado de seus grilhões para ouvir seu perdão, caiu morto no cadafalso somente pela força de sua imaginação. Suamos, tremamos, empalidecemos e enrubescemos sob os solavancos de nossa imaginação, e caídos na cama sentimos o corpo agitado por seu movimento, às vezes chegando a morrer. E a ardente juventude se excita tão fortemente ao dormir que sacia em sonho seus desejos amorosos.

> *Ut quase transactis saepe omnibus rebu' profundant*
> *Fluminis ingentes fluctus, vestémque cruentent.*[1]

E ainda que não seja novidade ver chifres crescerem à noite naquele que não os tinha ao deitar, mesmo assim é memorável o que aconteceu a Cipo, rei da Itália, que por ter assistido com grande comoção, durante o dia, a uma luta de touros, e por ter tido chifres na cabeça, em sonho, durante toda a noite, gerou-os em sua fronte pela força da imaginação. A paixão deu ao filho de Creso a voz que a natureza lhe recusara. E Antíoco ficou com febre ante a beleza de Estratonice impressa muito vivamente em sua alma. Plínio diz ter visto Lúcio Cossítio mudar de mulher em homem no dia de núpcias. Pontano e outros relatam metamorfoses semelhantes advindas na Itália nesses séculos passados. E por um veemente desejo seu e de sua mãe,

---

[1]. "Tanto que muitas vezes, como se tivessem levado seu ato a termo, derramam um jato de líquido e sujam suas roupas", Lucrécio, IV, 1035-1036. (N.E.)

Da força da imaginação

Vota puer solvit, quae foemina voverat Iphis.[1]

Passando em Vitry-le-François, pude ver um homem que o bispo de Soisson chamara Germano quando lhe administrou a confirmação, o qual todos os habitantes de lá haviam conhecido e visto como mulher, chamada Maria, até a idade de 22 anos. Ele era, naquela ocasião, muito barbudo e velho, e não casara. Ao fazer certo esforço ao saltar, ele contou, seus membros viris haviam aparecido; e ainda é de uso entre as meninas de lá uma canção pela qual advertem para evitar grandes passadas, por medo de se tornarem rapazes, como Maria Germano. Não é tão espantoso assim que esse tipo de acidente seja encontrado com frequência, pois se a imaginação tem poder em tais coisas, ela está tão contínua e vigorosamente ligada a esse órgão que, para não precisar recair com tanta frequência no mesmo pensamento e violência de desejo, prefere incorporar, de uma vez por todas, essa parte viril às moças. Alguns atribuem à força da imaginação as cicatrizes do rei Dagoberto e de São Francisco.[2] Diz-se que os corpos às vezes se erguem de seu lugar. E Celso refere um padre que embevecia sua alma em tal êxtase que seu corpo permanecia um longo momento sem respiração e sem sensibilidade. Santo Agostinho refere outro, a quem bastava fazer ouvir gritos lamentosos e queixosos para que de repente desfalecesse e se deixasse levar tão vivamente para fora de si que em vão sacudiam-no vigorosamente, gritavam-lhe, beliscavam-no e queimavam-no, até que ele despertasse. Então ele dizia ter ouvido vozes, mas como vindas de longe, e se

---

1. "Foi como rapaz que Ifis cumpriu os votos que havia feito como menina", Ovídio, *Metamorfoses*, IX, 794. (N.E.)
2. Alusão às cicatrizes de Dagoberto, causadas pelo temor da gangrena, e aos estigmas de São Francisco de Assis. (N.E.)

apercebia de suas queimaduras e ferimentos. E prova de que não fora uma obstinação fingida contrária a sua sensibilidade, naquele momento ele não tinha nem pulso nem respiração. É verossímil que a principal força das visões, dos encantamentos e de efeitos extraordinários semelhantes venha da força da imaginação agindo principalmente nas almas do vulgo, mais fracas. Eles acreditam tão intensamente que pensam ver o que não veem. Pergunto-me se esses feitiços de impotência, de que nosso mundo se vê tão cheio que não se fala de outra coisa, não são geralmente impressões de apreensão e temor. Pois sei por experiência que alguém, por quem posso responder como que por mim mesmo, em quem não poderia recair suspeita alguma de fraqueza, e tampouco de encantamento, tendo ouvido um companheiro seu contar sobre uma incapacidade extraordinária em que recaíra no momento em que menos lhe convinha, ao encontrar-se na mesma situação o horror dessa história veio de repente afetar-lhe tão brutalmente a imaginação que se expôs ao mesmo infortúnio. E a partir de então ficou sujeito a recaídas; a desagradável lembrança de sua fraqueza o reprimia e tiranizava. Ele encontrou um remédio para essa imaginação em outra imaginação. Confessando ele mesmo, e falando abertamente de sua fraqueza antes de agir, a tensão de sua alma se aliviava, pois, ao apresentar aquele mal como esperado, sua obrigação diminuía e pesava-lhe menos. Assim que teve a possibilidade, quando quis (o pensamento desenredado e relaxado, o corpo da maneira devida), de se fazer despertar, experimentar e surpreender por outro, curou-se de repente. Se uma vez fomos capazes, não mais somos incapazes, a não ser por legítima fraqueza. Esse infortúnio só deve ser temido nas ocasiões em que nossa alma se encontra exageradamente tensionada de desejo e respeito, especialmente quando as oportunidades se revelam imprevistas e prementes; não temos como nos recuperar dessa agitação. Conheço um a quem serviu, nessa situação, empregar o mesmo corpo semissaciado em outra relação para acalmar o ardor desse furor, e outro que por causa da idade se acha menos impotente por ser menos potente. E um outro a quem serviu também que um amigo lhe assegurasse estar guarnecido de uma contrapartida de encantamentos eficazes para protegê-lo. É melhor eu contar como foi isso. Um conde de muito boa família, de quem eu era muito íntimo, casando-se com uma bela dama que fora cortejada por alguém que assistia à festa, causou grande preocupação aos amigos, em especial a uma velha senhora sua parenta, que presidia essas bodas e as realizava em sua casa, temerosa daquelas feitiçarias, coisa que me comunicou. Roguei-lhe que confiasse em mim. Eu tinha por acaso em meus cofres uma pequena moeda de ouro delgada em que estavam gravadas algumas figuras celestes, usada para combater a insolação e tirar a dor de cabeça quando posicionada exatamente no alto do crânio, e para ali manter-se estava costurada a uma fita própria para ser amarrada embaixo do queixo. Fantasia irmã daquela de que falamos. Jacques Peletier, quando viveu em minha casa, me dera esse presente singular. Pensei em tirar dele algum proveito e disse ao conde que, como aos outros, poderia acontecer-lhe um imprevisto, pois havia ali homens que poderiam querer causar-lhe um; mas que ele fosse se deitar sem temor, que eu lhe daria uma demonstração de amizade e se preciso não pouparia por ele um milagre que estava em meu poder, desde que por sua honra ele me prometesse mantê-lo muito fielmente secreto. Bastaria, quando à noite fôssemos levar-lhe a ceia, se as coisas não tivessem corrido bem, que ele me fizesse um sinal. Ele tivera a alma e os ouvidos tão cheios que se viu travado pela agitação de sua imaginação, e me fez sinal na dita hora. Cochichei-lhe então que se levantasse, sob o pretexto de nos expulsar, e pegasse brincando o chambre que eu estava usando (éramos de estatura muito semelhante) e o vestisse, até que tivesse executado minha prescrição, que foi: quando tivéssemos saído, que ele se retirasse para urinar, dissesse três vezes certas palavras e fizesse certos movimentos; que a cada uma dessas três vezes ele cingisse a fita que eu lhe colocava em mãos e deitasse com todo cuidado a medalha presa a ela sobre os testículos, com o desenho em certa posição. Feito isso, tendo na última vez apertado bem a fita para que esta não pudesse nem se desatar nem sair do lugar, que retornasse à tarefa com toda segurança, e não esquecesse de jogar meu chambre sobre a cama de maneira a cobrir ambos. Essas macaquices são o mais importante para o resultado. Nosso pensamento não consegue se desfazer da ideia de que meios tão estranhos não venham de alguma ciência abstrusa. Sua inutilidade lhes dá peso e respeitabilidade. Em suma, ficou evidente que as fórmulas de meu talismã se revelaram mais venusianas do que solares[1], mais ativas que inibidoras. Foi um capricho súbito e dedicado que me instigou a semelhante ato, distante de minha natureza. Sou inimigo das ações sutis e fingidas, e odeio recorrer à astúcia, não apenas a recreativa como também a proveitosa. Se a ação não é viciosa, o caminho o é. Amasis, rei do Egito, desposou Laodice, uma linda jovem grega; e ele, que se mostrava gentil companheiro em qualquer outro lugar, viu-se incapacitado de dela desfrutar, e

---

1. Mais eficazes para o amor do que contra o sol. (N.E.)

ameaçou matá-la, julgando que fosse alguma bruxaria. Como para as coisas que consistem em imaginação, ela o incitou à devoção; e tendo feito votos e promessas a Vênus, ele se viu divinamente restabelecido na primeira noite após suas oblações e sacrifícios. Ora, as mulheres estão erradas em nos acolher com atitudes hostis, belicosas e fugidias, que nos esfriam quando nos inflamamos. A nora de Pitágoras dizia que a mulher que se deita com um homem deve, com sua túnica, despir ao mesmo tempo o pudor, e juntos voltar a vesti-los. A alma do assediador, perturbada por várias agitações diferentes, se perde facilmente; e quem a imaginação uma vez fez sofrer aquela vergonha (e ela só a faz sofrer nas primeiras relações, visto elas serem mais ardentes e ávidas, e também porque nessa primeira apresentação de si o medo de falhar é muito maior), tendo começado mal, sente agitação e despeito por esse acidente, que se prolonga nas ocasiões seguintes. Os casados, tendo todo o tempo para si, não devem nem apressar nem tentar sua atividade se não estão prontos. E mais vale falhar indecentemente ao estrear a cama nupcial, cheia de agitação e excitação, esperando outra oportunidade mais íntima e menos inquieta, do que cair numa perpétua miséria por ter-se espantado e desesperado à primeira recusa. Antes de possuir plenamente, o pertinaz deve em diversos momentos e investidas testar-se delicadamente e, sem se incomodar e obstinar, procurar convencer definitivamente a si mesmo. Aqueles que sabem serem seus membros de natureza dócil devem apenas se ocupar de frustrar suas imaginações. Temos razão de destacar a indócil liberdade desse membro, que intervém tão inoportunamente quando nada queremos dele e fraqueja tão inoportunamente quando mais precisamos dele; que tão imperiosamente disputa a autoridade com nossa vontade, recusando com tanta intrepidez e obstinação nossas solicitações mentais e manuais. Se no entanto ele me tivesse pagado para defender sua causa quando criticam sua rebelião e dela tiram uma prova para sua condenação, eu talvez colocasse nossos outros membros, seus companheiros, sob suspeita de terem levantado contra ele essa queixa premeditada, por grande inveja da importância e da satisfação de seu uso, e em complô terem armado o mundo contra ele, maldosamente atribuindo somente a ele sua falta coletiva. Pois vos proponho pensar se existe uma única parte de nosso corpo que com frequência não recuse à nossa vontade seu trabalho, e que com frequência não aja contra a nossa vontade. Cada uma tem paixões próprias, que despertam e adormecem sem nossa permissão. Quantas vezes os movimentos involuntários de nosso rosto não revelam os pensamentos que mantemos secretos e nos traem aos presentes? A mesma causa que anima aquele membro também anima, sem sabermos, o coração, o pulmão e o pulso. A visão de um objeto agradável imperceptivelmente espalha em nós a chama de uma emoção febril. Serão somente aqueles músculos e aquelas veias que se erguem e caem sem a autorização não apenas de nossa vontade mas também de nosso pensamento? Não ordenamos a nossos cabelos que se ericem nem à nossa pele que estremeça de desejo ou temor. A mão muitas vezes se dirige para onde não a enviamos. A língua trava, e a voz falha quando quer. Mesmo quando não temos o que comer, e de bom grado o proibíssemos, o apetite de comer e de beber não deixa de agitar as partes que lhe estão sujeitas, nem mais nem menos que aquele outro apetite; e da mesma forma nos abandona, fora de propósito, quando bem lhe parece. Os órgãos que servem para esvaziar o ventre têm suas próprias dilatações e compressões, sem e contra nossa opinião, como aqueles destinados a esvaziar os testículos. E isso que Santo Agostinho alega, para provar o poder de nossa vontade, sobre ter visto alguém que comandava ao traseiro tantos peidos quantos queria, e que Vives enriquece com outro exemplo de seu tempo, de peidos organizados de acordo com o tom das vozes que os emitiam, tampouco supõe a perfeita obediência dessa parte. Pois haverá outra mais habitualmente indiscreta e tumultuosa? Ademais, conheço uma tão turbulenta e indisciplinada que há quarenta anos mantém seu mestre a peidar num esforço e numa obrigação constantes e ininterruptos, e assim o leva à morte. Quisesse Deus que eu soubesse somente pelas histórias quantas vezes nosso ventre, pela recusa de um único peido, nos leva às portas de uma morte muito angustiante; e que o imperador que nos deu liberdade para peidar em toda parte nos tivesse dado o poder de fazê-lo. Mas nossa vontade, por cujos direitos avançamos essa censura, quão mais verossimilmente podemos acusá-la de rebelião e sedição por seu desregramento e desobediência? Quer ela sempre o que quereríamos que ela quisesse? Não quer ela muitas vezes o que lhe proibimos de querer, e isso para nosso evidente prejuízo? Deixa-se ela tampouco levar às decisões de nossa razão? Por fim, direi em favor de meu cliente que se deve considerar que mesmo estando sua causa, nesse feito, inseparável e indistintamente unida a um cúmplice, no entanto nos dirigimos somente a ele, e por argumentos e acusações que não podem caber a seu dito cúmplice. Pois o fim deste é de fato instigar inoportunamente, por vezes, mas jamais recusar; e ainda instigar de maneira tácita e discreta. Assim, vê-se a animosidade e a ilegalidade manifesta dos acusadores. Seja como for, enquanto protestamos que os advogados e juízes em vão incriminam e sentenciam, a natureza continuará seu caminho. Ela apenas fez justiça ao dotar aquele membro de algum privilégio particular. Autor da única obra imortal dos mortais. Obra divina, segundo Sócrates, amor, desejo de imortalidade, ele próprio demônio imortal. Alguém, pelo efeito da imaginação, por acaso deixa aqui as escrófulas que um companheiro leva de volta à Espanha. Eis por que em tais coisas costuma-se exigir uma alma preparada. Por que os médicos procuram ganhar de antemão a confiança do paciente com tantas falsas promessas de cura, se não para que o efeito da imaginação supra a impostura de seu remédio? Eles sabem que um dos mestres desse ofício lhes deixou por escrito que existem homens a quem a simples visão do medicamento surte efeito. Toda a ideia de falar disso agora me ocorreu pelo relato de um farmacêutico amigo de meu falecido pai, homem simples e suíço, nação pouco vaidosa ou mentirosa, que me disse ter conhecido há muito tempo um mercador de Toulouse, enfermiço e sujeito a cálculos, que tinha a frequente necessidade de clisteres, e os fazia prescrever pelos médicos de diversas maneiras, dependendo de seu mal. Quando os recebia, nada era omitido dos procedimentos habituais; com frequência tateava-os para ver se estavam quentes demais; deitava-se, virava-se, e todos os preparativos eram feitos, salvo que não se fazia nenhuma injeção. O farmacêutico se retirando após essa cerimônia, o paciente acomodado, como se de fato tivesse recebido o clister, sentia resultado igual ao daqueles que o recebem. E se o médico não considerasse seu efeito suficiente, aplicava-lhe mais dois ou três, da mesma forma. Minha testemunha jura que, para poupar a despesa (pois pagava por eles, como se os tivesse recebido), a mulher desse doente tentou um dia aplicar apenas água morna, mas os resultados revelaram seu estratagema, e por tê-los considerado inúteis precisou voltar ao procedimento inicial. Uma mulher, pensando ter engolido um alfinete junto com seu pão, gritou e se atormentou como se sentisse uma dor insuportável na garganta, onde pensava senti-lo preso; mas como não havia nem inchaço nem alteração externa, um engenhoso homem, julgando que aquilo não passava de fantasia e impressão, devido a algum pedaço de pão que a espetara ao passar, fez com que vomitasse e furtivamente jogou um alfinete torto no que ela expelira. A mulher, pensando tê-lo expelido, imediatamente se sentiu aliviada da dor. Sei de um fidalgo que, tendo recebido para jantar em sua casa pessoas agradáveis, se gabou três ou quatro dias depois, por brincadeira (pois aquilo nunca acontecera), de tê-los feito comer um gato assado; coisa pela qual uma dama do grupo sentiu tal horror que, caindo em um grande desarranjo de estômago e febre, foi impossível salvá-la. Os próprios animais se veem, como nós, sujeitos à força da imaginação. Atestam-no os cachorros, que se deixam morrer de tristeza pela perda dos donos; também os vemos latir e se remexer em sonho, e os cavalos relincharem e se debaterem. Mas tudo isso pode ser atribuído à estreita ligação do espírito e do corpo comunicando um ao outro seus destinos. Coisa diferente é que a imaginação aja, algumas vezes, não contra seu corpo apenas, mas contra o corpo de outrem. E assim como um corpo repassa seu mal ao vizinho, como se vê na peste, na sífilis e no mal de olhos, que se transmitem de um a outro,

Dum spectant oculi laesos, laeduntur et ipsi:
Multáque corporibus transitione nocent.[1]

Da mesma forma a imaginação, abalada com veemência, pode lançar dardos que podem ferir um objeto estranho. A Antiguidade acreditou que algumas mulheres na Cítia, quando irritadas e enfurecidas com alguém, matavam com um simples olhar. As tartarugas e as avestruzes chocam seus ovos apenas com os olhos, sinal de que têm algum poder fecundador. Quanto aos feiticeiros, diz-se que têm os olhos danosos e nocivos.

Nescio quis teneros oculus mihi fascinat agnos.[2]

Para mim, mágicos não são confiáveis. Mesmo assim, vemos por experiência as mulheres enviarem aos corpos das crianças que carregam no ventre marcas de suas fantasias; atesta-o aquela que engendrou um mouro. E ao rei e imperador Carlos da Boêmia foi apresentada uma filha dos arredores de Pisa, toda peluda e eriçada, que sua mãe dizia ter sido assim concebida por causa de uma imagem de São João Batista pendurada em sua cama. Com os animais sucede o mesmo; atestam-no as ovelhas de Jacó, e as perdizes e lebres que a neve embranquece nas montanhas. Viu-se recentemente em minha casa um gato espreitando um pássaro no alto de uma árvore, e tendo fixado os olhos firme um no outro por certo espaço de tempo, o pássaro se deixou cair como morto entre as patas do gato, embriagado por sua própria imaginação ou atraído por alguma força do gato. Aqueles

---

1. "Os olhos ferem a si mesmos ao olhar olhos feridos; e muitos males atingem os corpos por contágio", Ovídio, *De remedio amoris*, 615-616. (N.E.)
2. "Não sei que olho mau enfeitiça meus ternos cordeiros", Virgílio, *Bucólicas*, III, 103. (N.E.)

que apreciam a falcoaria ouviram contar do falcoeiro que, fixando obstinadamente os olhos num milhafre no ar, apostava trazê-lo para baixo com a simples força de sua visão; e o fazia, pelo que se diz. Pois as histórias que reproduzo, remeto-as à consciência daqueles de quem as tomo. As reflexões são minhas, e se sustentam pela prova da razão, não da experiência; cada um pode acrescentar seus exemplos; e quem não tem nenhum, que não deixe de acreditar que existem muitos, visto o número e a variedade dos acontecimentos. Se não comento bem, que outro o faça por mim. Igualmente, no estudo em que trato de nossos costumes e movimentos, os testemunhos das fábulas, desde que sejam possíveis, servem como os verdadeiros. Acontecido ou não, em Roma ou em Paris, a João ou a Pedro, é sempre um feito da capacidade humana, do qual sou proveitosamente informado por esse relato. Vejo-o, e disso tiro proveito, seja no inventado ou no real. E nas diversas variantes que com frequência as histórias têm, utilizo para me ser útil a que é mais rara e memorável. Há autores cujo objetivo é relatar os acontecimentos. O meu, se conseguisse ter êxito, seria falar sobre o que pode acontecer. Com razão é permitido às Escolas inventar exemplos quando elas não têm nenhum. Não faço isso, no entanto, e nesse ponto supero, em escrúpulo, toda fidelidade histórica. Nos exemplos que trago aqui, daquilo que li, ouvi, fiz ou disse, proibi-me de ousar alterar até mesmo as mais leves e inúteis circunstâncias; minha consciência não falsifica um iota; minha ignorância, não sei. A propósito disso, por vezes me pergunto se convém de fato a um teólogo, a um filósofo e a essas pessoas de notável e exata consciência e prudência escrever a história. Como podem empenhar sua palavra baseados naquilo que conta o povo? Como responder pelos pensamentos de pessoas desconhecidas, e ter como moeda corrente suas conjecturas? De ações que se passam em sua presença, com diversos membros, eles se recusariam a render testemunho sob juramento perante um juiz. E não há homem tão íntimo por quem se disponham a responder plenamente por suas intenções. Considero menos arriscado escrever sobre as coisas passadas do que sobre as presentes, visto que o escritor precisa prestar contas apenas de uma verdade emprestada. Alguns me instigam a escrever sobre as questões de meu tempo, julgando que as vejo com um olhar menos ferido de paixão que algum outro, e mais de perto, pelo acesso que o acaso me deu aos chefes de diversos partidos. Mas eles não dizem que nem para a glória de Salústio eu me daria a esse trabalho (sou inimigo jurado da obrigação, da assiduidade, da constância), que não existe nada mais contrário a meu estilo do que uma narração extensa. Repito-me com tanta frequência por falta de fôlego. Não tenho nem composição nem explicação que valha. Mais ignorante do que uma criança das frases e dos vocábulos que servem às coisas mais comuns. Por isso escolhi dizer o que sei dizer, acomodando a matéria à minha força. Se tomasse uma que me guiasse, minha medida poderia faltar para a sua. Minha liberdade sendo tão livre, por minha própria vontade e seguindo a razão eu publicaria julgamentos ilegítimos e puníveis. Plutarco nos diria de bom grado, sobre o que fez, que é obra de outro que seus exemplos sejam em tudo e por toda parte verdadeiros, que é obra sua que sejam úteis à posteridade e apresentados sob uma luz que nos ilumina para a virtude. Não é perigoso, como para uma droga medicinal, que numa história antiga seja desta ou daquela maneira.

Capítulo XXI
O lucro de um é o prejuízo de outro

O ateniense Dêmades condenou um homem de sua cidade que tinha por ofício vender as coisas necessárias para os enterros, a título de que desejava lucro demais, e que esse lucro não lhe podia vir sem a morte de muitas pessoas. Esse julgamento parece estar mal feito, visto que não se tem lucro algum sem o prejuízo de outrem, e que desse modo seria preciso condenar toda espécie de ganho. O mercador só faz bem seus negócios devido aos excessos da juventude; o lavrador, pelo preço elevado do trigo; o arquiteto, pela ruína das casas; os oficiais de Justiça, pelos processos e disputas dos homens; mesmo a honra e a prática dos ministros da religião provêm de nossa morte e de nossos vícios. Nenhum médico se compraz com a saúde, mesmo a dos amigos, diz o antigo cômico grego; nem o soldado com a paz de sua cidade; e assim para tudo. E, o que é pior, que cada um se examine por dentro: descobrirá que nossos desejos íntimos em sua maioria nascem e se alimentam às expensas dos outros. Considerando isso, me veio à mente que nisso a natureza manifesta sua lei geral, pois os naturalistas sustentam que o nascimento, a alimentação e o crescimento de cada coisa constituem a alteração e a deterioração de outra.

Nam quodcunque suis mutatum finibus exit,
Continuò hoc mors est illius, quod fuit antè.[1]

---

1. "Pois toda transformação que faz um elemento sair de seus limites leva imediatamente ao desaparecimento do que havia antes", Lucrécio, *De natura rerum*, I, 670-671; I, 792-793; II, 753-754; III, 519-520. (N.E.)

Capítulo XXII
Do costume, e de não mudar facilmente uma lei aceita

Parece-me ter compreendido muito bem a força do costume aquele que primeiro elaborou a história segundo a qual uma aldeã, tendo aprendido a acariciar e carregar nos braços um bezerro desde a hora de seu nascimento, e continuando sempre a fazer isso, conseguiu com esse hábito ainda carregá-lo quando grande boi. Pois na verdade o costume é um violento e traidor mestre-escola. Ele estabelece em nós, pouco a pouco, furtivamente, o pé de sua autoridade; mas através desse suave e humilde começo, tendo-o instalado e plantado com a ajuda do tempo, ele logo nos revela um furioso e tirânico rosto, contra o qual não temos mais a liberdade de erguer sequer os olhos. Vemo-lo violar, todas as vezes, as regras da natureza. *Usus efficasissimus rerum omnium magister.*[1] Remeto-me ao antro de Platão em sua república[2], e aos médicos que tantas vezes acabam por invocar o costume como fundamento de sua arte, e àquele rei que por meio dele acostumou seu estômago a alimentar-se de veneno, e à filha que Alberto relata ter-se acostumado a viver de aranhas. E naquele mundo das novas Índias foram encontrados grandes povos, e em climas bastante diversos, que delas viviam, faziam

---

1. "O uso é em tudo o mais poderoso mestre", Plínio, o Antigo, XXVI, VI, II, citado por Justo Lipsio, *Politicorum libri VI*, I, VIII. (N.E.)

2. Alusão ao mito da caverna desenvolvido por Platão no livro VII de *A república*, segundo o qual os homens se acostumam a viver na ilusão dos sentidos. (N.E.)

provisão e cuidavam, como também gafanhotos, formigas, lagartos, morcegos; e foi um sapo vendido por seis escudos numa escassez de víveres. Eles os cozinham e preparam com diversos molhos. Outros foram encontrados para os quais nossas carnes e nossos alimentos eram mortais e venenosos. *Consuetudinis magna vis est. Pernoctant venatores in nive; in montibus uri se patiuntur. Pugiles, caestibus contusi, ne ingemiscunt quidem.*[1] Esses exemplos estrangeiros não são estranhos, se considerarmos o que geralmente experimentamos: o quanto o costume embota nossos sentidos. Não precisamos ir buscar o que se diz dos vizinhos das cataratas do Nilo.[2] E o que os filósofos pensam da música celeste; que os corpos dessas esferas, sendo sólidos e polidos, e vindo a se roçar e friccionar uns nos outros ao circular, não podem deixar de produzir uma harmonia maravilhosa, cujas cadências e alterações governam os giros e movimentos da dança dos astros. Pois universalmente os ouvidos das criaturas daqui de baixo, adormecidos como os dos egípcios pela continuidade desse som, não podem percebê-lo, por maior que seja. Os ferreiros, moleiros, armeiros não poderiam resistir ao ruído que os atinge se este os ferisse como a nós. Meu colete perfumado beneficia meu nariz, mas depois de vesti-lo por três dias seguidos ele só beneficia o nariz dos demais. Mais estranho é que, não obstante os longos intervalos e interrupções, o costume possa associar e imprimir o efeito de sua

---

1. "Grande é a força do costume. Os caçadores passam a noite na neve; eles suportam na montanha as queimaduras do sol. Os pugilistas feridos pela manopla nem mesmo gemem", Cícero, *Tusculanes*, II, XVII, 40. (N.E.)

2. Segundo Cícero, em *O sonho de Cipião* (*De republica*, VI, XVIII, 19), eles teriam ficado surdos devido à intensidade do ruído das cataratas. (N.T.)

marca aos nossos sentidos, como experimentam os vizinhos dos campanários. Estou instalado, em minha casa, numa torre, onde ao toque de alvorada e ao de recolher um sino muito grande soa todos os dias à Ave-Maria. Essa barulheira inclusive sacode minha torre; parecendo-me insuportável nos primeiros dias, em pouco tempo me familiarizei, de maneira que o ouço sem incômodo, e muitas vezes sem acordar. Platão repreendeu uma criança que jogava com nozes. Esta respondeu-lhe: "Repreendes-me por pouco". "O costume", replicou Platão, "não é coisa pouca." Acho que nossos maiores vícios tomam forma em nossa mais tenra infância, e que o principal de nossa educação está nas mãos das amas. É um passatempo para as mães ver uma criança torcer o pescoço de um frango, e brincar de ferir um cachorro ou um gato. E é um tolo o pai que considera como bom prenúncio de uma alma marcial ver o filho bater injustamente em um camponês ou um lacaio que não se defende, e como agudeza quando o vê enganar o companheiro com alguma maliciosa deslealdade e trapaça. São essas, no entanto, as verdadeiras sementes e raízes da crueldade, da tirania, da traição. Elas germinam ali e depois crescem galhardamente, e se fortalecem muito nas mãos do costume. E é uma educação muito perigosa desculpar essas vis inclinações pela fraqueza da idade e pela leviandade do assunto. Em primeiro lugar, é a natureza que fala, cuja voz é tanto mais frágil e mais ingênua quanto mais débil e nova for. Em segundo lugar, a torpeza da trapaça não depende da diferença entre moedas e miudezas, ela depende de si. Acho bem mais justo concluir assim: "Por que não trapacearia com moedas, já que trapaceia com alfinetes?", do que como eles fazem: "É só com alfinetes, ele não o faria com moedas". É preciso ensinar cuidadosamente as crianças a odiarem os vícios por sua própria contextura, e é preciso deles ensinar a deformidade natural, para que deles fujam não apenas em suas ações, mas sobretudo em seus corações; que mesmo pensar neles lhes seja odioso, não importa o disfarce que vistam. Bem sei que por ter-me habituado, em minha meninice, a seguir sempre pelo bom e reto caminho, e a ter tido aversão a misturar fraude ou ardil a meus jogos infantis (pois de fato é preciso apontar que os jogos das crianças não são jogos, e é preciso julgá-los em si como as mais sérias ações), não há passatempo tão leviano em que eu não assuma, internamente, e por uma propensão natural e sem estudo, uma extrema reticência em enganar. Manejo as cartas por moedinhas e faço as contas como se fossem moedas de ouro; enquanto me é indiferente ganhar e perder contra minha mulher e minha filha, como quando é para valer. Em tudo e toda parte meus olhos são suficientes para manter-me em meu dever; não há nada que me vigie de tão perto nem que eu respeite mais. Acabo de ver em minha casa um homenzinho nativo de Nantes, nascido sem braços, que tão bem adaptara os pés ao serviço que lhe deviam as mãos, que estes na verdade quase esqueceram sua função natural. De resto, ele os chama de mãos; corta, carrega uma pistola e dispara, enfia a agulha, costura, escreve, tira o barrete, penteia-se, joga cartas e dados e agita-os com tanta destreza quanto poderia fazer qualquer outro. O dinheiro que lhe dei, carregou-o com o pé, como fazemos com a mão. Vi outro, quando criança, que por não ter mãos manejava uma espada de duas mãos e uma alabarda com a dobra do pescoço, jogava-as ao alto e voltava a pegá-las, lançava uma adaga e fazia estalar um chicote tão bem quanto um carroceiro francês. Mas descobrimos bem mais os efeitos do costume nas estranhas impressões que ele causa em nossas almas, onde não encontra tanta resistência. O que não pode ele em nossos julgamentos e em nossas crenças? Haverá opinião tão bizarra (deixo de lado a grosseira impostura das religiões, de que tantas grandes nações e tantos valorosos personagens se viram embriagados; pois, essa parte estando fora de nossas razões humanas, é mais desculpável nela perder-se, para quem não foi tão extraordinariamente esclarecido por favor divino) e opiniões tão estranhas que ele não tenha plantado e estabelecido como lei nas regiões que bem lhe aprouveram? E muito justa é esta antiga exclamação: *Non pudet physicum, id est speculatorem venatóremque naturae, ab animis consuetudine imbutis quaerere testimonium veritatis.*[1] Acredito que não ocorra à imaginação humana nenhuma fantasia tão delirante que não encontre exemplo em alguma utilidade pública, e consequentemente que nossa razão não ampare e fundamente. Há povos em que as pessoas dão as costas àquele que saúdam, e jamais olham para aquele que querem honrar. Há um lugar em que, quando o rei cospe, a mais favorita das damas de sua corte estende a mão; e, em outra nação, os mais eminentes que estão a seu redor se abaixam até o chão para recolher sua sujeira em um pano. Roubemos aqui espaço para uma história. Um fidalgo francês sempre se assoava com a mão (coisa muito contrária a nossa prática). Defendendo-se a esse respeito, e sendo famoso por seus gracejos, ele me perguntou que privilégio tinha essa suja excreção para que lhe fôssemos preparando um belo e delicado pano para recebê-la, e, além disso, para empacotá-la e guardá-la cuidadosamente conosco; que isso devia causar mais náusea do

---

[1]. "Que vergonha para um naturalista, isto é, para um observador e um caçador da natureza, buscar junto a almas presas no costume a prova da verdade", Cícero, *De natura deorum*, I, XXX, 83. (N.E.)

que vê-la verter onde quer que fosse como fazemos com todas as nossas outras sujeiras. Achei que ele não falava de todo sem razão; o costume me havia suprimido a percepção dessa estranheza, que no entanto achamos tão repulsiva quando se refere a outro país. Os milagres existem conforme a ignorância em que estamos da natureza, e não conforme a essência da natureza. O hábito embota a visão de nosso julgamento. Os bárbaros não são em nada mais espantosos para nós do que nós somos a eles; tampouco o são com mais razão, como cada um admitiria se, depois de ter passeado por esses exemplos longínquos, soubesse examinar os seus próprios e avaliá--los sensatamente. A razão humana é um verniz, mais ou menos de mesmo peso, infundido em todas as nossas opiniões e costumes, de qualquer forma que sejam; infinita é sua matéria, infinita é sua diversidade. Volto a meu tema. Há povos em que ninguém fala ao rei a não ser por uma zarabatana, salvo sua mulher e seus filhos. Em uma mesma nação, as virgens mostram as partes pudendas a descoberto, e as casadas as cobrem e escondem cuidadosamente. Este outro costume, de alhures, tem certa relação com esse: a castidade só é prezada a serviço do casamento, pois as moças podem se entregar a seu gosto e, engravidadas, podem abortar com medicamentos apropriados, à vista de todos. E em outro lugar, se é um mercador que se casa, todos os mercadores convidados para as núpcias deitam com a recém-casada antes dele, e, quantos mais forem, mais ela obtém honra e recomendação de firmeza e capacidade; se um oficial se casa, acontece o mesmo; da mesma forma se é um nobre; e assim com os outros, exceto se é um lavrador ou alguém do baixo povo, pois então cabe ao senhor fazê-lo; e no entanto não se deixa de recomendar estritamente a fidelidade durante o casamento. Há lugares onde se veem bordéis públicos de homens prostituídos, e mesmo casamentos entre eles; onde as mulheres vão à guerra com os maridos, e têm lugar não apenas no combate mas também no comando. Onde não apenas os anéis são usados no nariz, nos lábios, nas bochechas e nos dedos do pé, como bastões de ouro bem pesados atravessam mamilos e nádegas. Onde ao comer limpam-se os dedos nas coxas, nos testículos e na planta dos pés. Onde os filhos não são herdeiros, e sim os irmãos e sobrinhos; e em outro lugar apenas os sobrinhos, salvo na sucessão do príncipe. Onde para regular a comunhão de bens que é ali observada, alguns magistrados soberanos têm o encargo universal do cultivo das terras e da distribuição dos frutos segundo a necessidade de cada um. Onde se chora a morte das crianças, e se festeja a dos velhos. Onde dez ou doze deitam juntos em camas com suas mulheres. Onde as mulheres que perdem os maridos por morte violenta podem voltar a casar, as outras não. Onde se tem tão pouca estima pela condição das mulheres que elas são mortas ao nascer e compradas dos vizinhos quando necessário. Onde os maridos podem repudiar as mulheres sem alegar motivo algum, e as mulheres não podem fazê-lo por motivo nenhum. Onde os maridos têm o direito de vendê-las, se são estéreis. Onde cozinham o corpo do morto, e depois o esmagam, até que fique como uma papa, que misturam ao vinho e bebem. Onde a mais desejável sepultura é ser comido pelos cães; em outro lugar, pelos pássaros. Onde se acredita que as almas felizes vivem em plena liberdade, em campos aprazíveis, abastecidos de todos os confortos, e que são elas que produzem esse eco que ouvimos. Onde se combate dentro da água, se atira certeiramente com arcos ao nadar. Onde como sinal de sujeição é preciso erguer os ombros e baixar a cabeça, e descalçar os sapatos ao entrar nos aposentos do rei. Onde os eunucos que guardam as religiosas também têm o nariz e os lábios faltando, para não poderem ser amados; e os sacerdotes se furam os olhos para se comunicar com os demônios e receber os oráculos. Onde cada um faz um Deus daquilo que lhe agradar, o caçador de um leão ou de uma raposa, o pescador de algum peixe, e ídolos de cada ação ou paixão humana; onde o Sol, a Lua e a Terra são os deuses principais, e a forma de jurar é tocar a terra olhando para o Sol; e onde se come carne e peixe crus. Onde o grande juramento é jurar pelo nome de algum homem morto que teve boa reputação na região, tocando sua tumba com a mão. Onde o presente de ano-novo que o rei envia aos príncipes seus vassalos, todos os anos, é fogo, que, quando chega, todo o antigo fogo é apagado, e do novo os povos vizinhos são obrigados a abastecer-se, cada um para si, sob pena de crime de lesa-majestade. Onde, quando o rei, para entregar-se inteiramente à devoção, se retira do cargo (o que acontece frequentemente), seu primeiro sucessor é obrigado a fazer o mesmo, e o direito ao reino passa ao segundo sucessor. Onde diversificam a forma de governo conforme os interesses pareçam exigir, depõem o rei quando parece bom fazê-lo e substituem-no por anciãos no comando do Estado, e às vezes também o deixam nas mãos do povo. Onde homens e mulheres são circuncidados, e igualmente batizados. Onde o soldado, que em um ou diversos combates conseguiu apresentar a seu rei sete cabeças de inimigos, é feito nobre. Onde se vive sob a opinião tão rara e insociável da mortalidade das almas. Onde as mulheres dão à luz sem queixa e sem temor. Onde as mulheres usam perneiras de cobre em ambas as pernas e, se um piolho as morde, são obrigadas por dever de magnanimidade a mordê-lo de volta, e não ousam casar antes de terem oferecido a seu rei, se ele quiser, sua virgindade. Onde se cumprimenta colocando o dedo na terra e depois o erguendo para o céu. Onde os homens carregam fardos sobre a cabeça, as mulheres sobre os ombros; elas mijam em pé, os homens acocorados. Onde se envia o próprio sangue em sinal de amizade, e incensam, como os deuses, os homens que querem honrar. Onde não apenas até o quarto grau, mas em qualquer outro mais remoto, o parentesco não é permitido nos casamentos. Onde as crianças ficam quatro anos com a ama de leite, muitas vezes doze anos, e nesse mesmo lugar é considerado fatal dar de mamar às crianças no primeiro dia. Onde os pais são encarregados de castigar os meninos, e as mães, à parte, as meninas; e o castigo é defumá-los pendurados pelos pés. Onde as mulheres são circuncidadas. Onde se come todo tipo de ervas, sem outra distinção que a de recusar aquelas que parecem ter mau cheiro. Onde tudo é aberto, e as casas, por mais belas e ricas que sejam, não têm porta, nem janela, nem cofre que feche, e onde os ladrões são duas vezes mais punidos do que em outros lugares. Onde se matam piolhos com os dentes como os macacos, e se acha horrível vê-los serem esmagados com as unhas. Onde não se corta por toda a vida nem pelo nem unhas; outro lugar onde só se cortam as unhas da mão direita, as da esquerda deixam crescer como sinal de nobreza. Onde se deixa crescer todo o cabelo do lado direito, tanto quanto ele puder crescer, e se mantém raspado o cabelo do outro lado. E, em províncias vizinhas, uma deixa crescer o cabelo na frente, outra o cabelo atrás; e se raspa o oposto. Onde os pais emprestam os filhos, os maridos, as mulheres, mediante pagamento, para usufruto dos hóspedes. Onde se pode honestamente fazer filhos na mãe, e os pais se unirem às filhas e aos filhos. Onde, nas reuniões de festins, se emprestam os filhos uns aos outros, sem distinção de parentesco. Aqui se vive de carne humana; lá é sinal de piedade matar o pai em certa idade; alhures, os pais decidem sobre as crianças ainda no ventre de suas mães, aquelas que querem que sejam alimentadas e preservadas, e aquelas que querem que sejam abandonadas e mortas; alhures, os velhos maridos emprestam as mulheres para uso da juventude; e alhures elas são comuns a todos, sem pecado; inclusive, em certo país elas usam como marca de honra tantos belos tufos franjados na barra de seus vestidos quantos os homens que frequentaram. Não fez o costume, além disso, um Estado de mulheres, separado? Este não lhes colocou armas nas mãos, fez erigir exércitos e travar batalhas? E aquilo que toda a filosofia não pode plantar na cabeça dos mais sábios, não o ensina ela com a simples prescrição ao mais grosseiro vulgo? Pois sabemos de nações inteiras onde não apenas a morte era menosprezada como festejada; onde as crianças de sete anos suportavam ser fustigadas até a morte sem mudar de expressão; onde a riqueza era tão menosprezada que o mais humilde cidadão da cidade não se dignaria a baixar o braço para juntar uma bolsa de escudos. E sabemos das regiões muito férteis em todo gênero de víveres, onde, no entanto, os pratos mais saborosos eram o pão, o agrião e a água. O costume não fez ainda aquele milagre em Quios, em que passaram setecentos anos sem lembrança de que mulher ou moça tenha faltado à sua honra? Em suma, para mim, não há nada que ele não faça, ou que não possa; e com razão Píndaro, pelo que me disseram, chama-o de rei e imperador do mundo.

Aquele que encontraram batendo no pai respondeu que era o costume de sua casa, que seu pai assim batera em seu avô, seu avô em seu bisavô, e mostrando seu filho: "Este aqui baterá em mim quando tiver chegado à idade em que estou". E o pai a quem o filho sacudia e empurrava na rua ordenou-lhe que parasse em certa porta, pois ele mesmo arrastara seu pai somente até ali, que aquele era o limite dos injuriosos tratamentos hereditários que os filhos costumavam dar aos pais na família deles. Por costume, diz Aristóteles, tão frequentemente quanto por doença, as mulheres se arrancam os cabelos, roem as unhas, comem carvão e terra; e mais por costume do que por natureza os homens se acasalam com homens. As leis da consciência, que dizemos nascerem da natureza, nascem do costume; tendo cada um veneração íntima pelas opiniões e pelos costumes aprovados e aceitos à sua volta, não pode se desprender deles sem remorso, nem se aplicar a eles sem aplauso. Quando os habitantes de Creta queriam, nos tempos passados, maldizer alguém, rogavam aos deuses que o empenhassem em algum mau hábito. Mas o principal efeito de seu poder é capturar-nos e aprisionar-nos de tal maneira que com dificuldade conseguimos reaver-nos de sua influência e voltarmos a nós para discorrer e raciocinar sobre suas prescrições. Na verdade, porque as absorvemos com o leite ao nosso nascimento, e porque a face do mundo se apresenta nesse estado ao nosso primeiro olhar, parece que nascemos sob condição de seguirmos aquele caminho. E as ideias em comum que vemos gozar de crédito ao nosso redor, infundidas em nossa alma pela semente de nossos pais, parecem ser gerais e naturais. Disso advém que aquilo que está fora dos limites do costume acreditamo-lo fora dos limites da razão;

Deus sabe o quão insensatamente, na maioria das vezes. Se, como nós, que nos examinamos, aprendemos a fazer, cada um que ouvisse uma sentença justa considerasse incontinente em que ela lhe é própria, cada qual descobriria que esta não é tanto uma boa frase quanto uma boa fustigada na estupidez habitual de seu julgamento. Mas recebemos os conselhos da verdade e seus preceitos como dirigidos ao povo, jamais a nós mesmos; e em vez de aplicá-los a seus costumes, cada um os guarda em sua memória, muito tola e inutilmente. Voltemos ao império do costume. Os povos criados na liberdade e no domínio de si mesmos consideram toda outra forma de governo monstruosa e contranatural. Aqueles que estão acostumados à monarquia fazem o mesmo. E a qualquer facilidade que a fortuna lhes preste para mudanças, mesmo quando com grande dificuldade se desfizeram do inconveniente de um mestre, eles correm a reinstalar um novo, com iguais dificuldades, por não terem podido se decidir a tomar ódio pela dominação. É por intermédio do costume que cada um está contente com o lugar onde a natureza o instalou; e os selvagens da Escócia não têm nenhuma necessidade da Touraine, nem da Tessália os citas. Ao perguntar Dario a alguns gregos por quanto eles aceitariam adotar o costume das Índias de comer os pais mortos (pois era sua prática, julgando não poder dar-lhes mais favorável sepultura que dentro de si mesmos), eles lhe responderam que por nada no mundo o fariam; mas ao também tentar persuadir os indianos a abandonar seu hábito e assumir o dos gregos, que era o de queimar os corpos dos pais, causou-lhes ainda mais horror. Todos agem assim, visto que o uso nos oculta a verdadeira face das coisas.

Nil adeo magnum, nec tam mirabile quicquam
Principio, quod non minuant mirarier omnes
Paulatim.[1]

Outrora, tendo de fazer valer uma de nossas observâncias, aceita com resoluta autoridade bem longe à nossa volta, e não querendo, como se faz, estabelecê-la apenas pela força de leis e exemplos, mas buscando até mesmo sua origem, achei seu fundamento tão frágil que por pouco não me desagrado dela, eu que devia reforçá-la nos outros. É com esta receita, que ele estima soberana e fundamental, que Platão pretender caçar os amores desnaturados e prepósteros de seu tempo; a saber, que a opinião pública os condene, que os poetas, que todos façam histórias trágicas sobre eles. Por meio dessa receita, as mais belas filhas não mais atraem o amor dos pais, nem os irmãos de mais perfeita beleza o amor das irmãs. As próprias fábulas de Tiestes, de Édipo, de Macareu, infundiram, com o prazer de seus cantos, essa útil crença no tenro cérebro das crianças. Na verdade, a pudicícia é uma bela virtude, cuja utilidade é assaz conhecida; mas tratar dela e enfatizá-la seguindo a natureza é tão difícil quanto é fácil enfatizá-la seguindo o uso, as leis e os preceitos. As razões primeiras e universais são de difícil perscrutação. E nossos mestres percorrem-nas superficialmente ou, não ousando sequer sondá-las, atiram-se de imediato sob a proteção do costume; lá, inflam-se e triunfam facilmente. Aqueles que não querem se deixar arrastar para fora dessa fonte original erram ainda mais e se obrigam a opiniões selvagens, como Crisipo, que semeou em vários trechos de seus escritos o pouco caso que fazia das

---

1. "Nada é tão grande e tão admirável em seus inícios que pouco a pouco não nos espantemos cada vez menos", Lucrécio, II, 1028-1030. (N.E.)

conjunções incestuosas, quaisquer que fossem. Quem quiser desfazer-se do violento preconceito do costume verá diversas coisas aceitas com indubitável resolução que se baseiam apenas na barba branca e nas rugas do uso que as acompanham; mas, arrancada essa máscara, devolvendo as coisas à verdade e à razão, ele sentirá seu julgamento como que todo subvertido, e no entanto restabelecido em posição bem mais sólida. Perguntarei a ele então, por exemplo, que coisa pode ser mais estranha do que ver um povo obrigado a seguir leis que nunca entendeu, preso em todos os seus afazeres domésticos, casamentos, doações, testamentos, vendas e compras, a regras que não pode conhecer por não estarem escritas nem publicadas em sua língua, e das quais por necessidade precisa comprar a interpretação e o uso. Não segundo a engenhosa opinião de Isócrates, que aconselha seu rei a tornar livres, francos e lucrativos os tráficos e negociações de seus súditos, e onerosos seus debates e querelas, sobrecarregados de pesados subsídios; mas segundo a opinião monstruosa de comerciar a própria razão e atribuir às leis uma cotação de mercadoria. Sou grato à fortuna porque (como dizem nossos historiadores) foi um fidalgo gascão, e de minha região, quem primeiro se opôs a Carlos Magno, que queria nos dar leis latinas e imperiais. O que há de mais selvagem do que ver uma nação onde por costume legítimo o encargo de julgar seja vendido, e os julgamentos sejam pagos em moeda sonante, e onde legitimamente a justiça seja recusada a quem não pode pagá-la, e tenha essa mercadoria tão grande crédito que se estabeleça no governo um quarto estado, de pessoas que manipulam os processos, para somá-lo aos três antigos da igreja, da nobreza e do povo; estado este que, tendo o encargo das leis e a soberana autoridade dos bens e das vidas, faça da nobreza um

corpo à parte; de onde advenha que haja leis duplas, as da honra e as da justiça, muito contrárias em várias coisas, aquelas condenando tão rigorosamente uma afronta sofrida com resignação quanto estas condenando uma afronta vingada; pelo dever das armas sendo degradado de honra e de nobreza aquele que tolerar uma injúria, e pelo dever civil aquele que dela se vingar incorre em pena capital? Quem recorre às leis para exigir reparação de uma ofensa feita a sua honra desonra-se; e quem não recorre é punido e castigado pelas leis. E dessas duas partes tão diversas, que no entanto se remetem a um único chefe, aqueles tenham a paz a seu encargo, estes a guerra; aqueles o ganho, estes a honra; aqueles o saber, estes a virtude; aqueles a palavra, estes a ação; aqueles a justiça, estes a coragem; aqueles a razão, estes a força; aqueles a veste longa, estes a curta como quinhão. Quanto às coisas indiferentes, como vestimentas, quem as quiser trazer a seu verdadeiro fim, que é a serventia e a comodidade do corpo, de que depende a graça e a conveniência original delas, considerarei como as mais fantásticas que se possa imaginar, na minha opinião, entre outras, nossos barretes quadrados, a longa cauda de veludo plissado que pende das cabeças de nossas mulheres com seus apetrechos variegados e aquele vão e inútil molde de um membro que sequer podemos decentemente nomear, e que no entanto exibimos e alardeamos em público.[1]
Essas considerações, no entanto, não dissuadem um homem de discernimento de seguir o uso comum. Mas parece-me, ao contrário, que todas as maneiras isoladas e particulares provêm antes de loucura, ou de afetação ambiciosa, que de verdadeira razão, e que o sábio deve,

---

1. Montaigne refere-se, respectivamente, ao barrete dos advogados, juízes e professores, à touca fálica das mulheres bascas e, por fim, à braguilha, fixada nos calções por cordões. (N.E.)

interiormente, retirar sua alma da multidão e mantê-la com liberdade e potencial de julgar livremente as coisas; mas, quanto ao exterior, ele deve seguir inteiramente as condutas e regras aceitas. A sociedade pública nada tem a ver com nossos pensamentos; mas o resto, como nossas ações, nosso trabalho, nossas fortunas e nossa vida, é preciso cedê-los e abandoná-los a seu serviço e às opiniões comuns, como o bom e grande Sócrates, que recusou salvar sua vida pela desobediência ao magistrado, mesmo um magistrado muito injusto e muito iníquo. Pois é a regra das regras, e a lei geral das leis, que cada um observe as do lugar onde está.

Νόμοις ἕπεσθαι τοῖσιν ἐγχώροις καλόν.[1]

Eis aqui outra variedade. Há grande dúvida se é possível obter proveito tão evidente na mudança de uma lei aceita tal como é, quanto há dificuldade em modificá-la, visto que uma sociedade é como um edifício de diversas peças, reunidas com tal conexão que é impossível mover uma sem que todo o conjunto o sinta. O legislador dos turinenses ordenou que quem quisesse abolir uma das velhas leis ou estabelecer uma nova se apresentasse ao povo com a corda no pescoço, a fim de que, se a novidade não fosse aprovada por todos, ele fosse estrangulado incontinente. E o da Lacedemônia empregou sua vida para obter de seus cidadãos a promessa segura de não infringir nenhuma de suas ordenações. O éforo que cortou tão bruscamente as duas cordas que Frínis havia acrescentado à música não se preocupou em saber se ela melhorava ou se os acordes ficavam mais cheios; bastou-lhe, para condená-las, que constituíssem uma alteração

---

1. "É bom obedecer às leis de seu país", Crispino, *Gnômica*, "*In leges*", [Gênova], 1569, p. 218-219. (N.E.)

da maneira antiga. É o que significava aquela espada enferrujada da justiça de Marselha. Sou desgostoso da novidade, seja qual for sua aparência; e tenho razão, pois tenho visto efeitos muito prejudiciais. Aquela que nos atormenta há tantos anos não explorou tudo, mas pode-se dizer com verossimilhança que, por acidente, ela tudo produziu e engendrou, inclusive os males e ruínas que desde então ocorrem sem ela e contra ela; cabe a ela reconhecer seus males.

Heu patior telis vulnera facta meis![1]

Aqueles que abalam um estado são naturalmente os primeiros absorvidos em sua ruína. O fruto do distúrbio raramente permanece com aquele que o desencadeou, ele agita e turva a água para outros pescadores. A unidade e contextura dessa monarquia e desse grande edifício tendo sido deslocada e dissolvida por essa novidade, especialmente em seus últimos anos, possibilita o quanto se quiser de abertura e entrada para injustiças similares. A majestade real desce mais dificilmente do topo para o meio do que se precipita do meio para o fundo. Mas, se os inventores são mais prejudiciais, os imitadores são mais viciosos, por seguirem exemplos cujo horror e mal eles sentiram e puniram. E se há algum grau de honra, mesmo no malfazer, estes devem aos outros a glória da invenção e a coragem do primeiro esforço. Todas as espécies de novas desordens buscam oportunamente nesta fonte primeira e fecunda as imagens e os padrões para perturbar nosso Estado. Lemos em nossas próprias leis, feitas para remédio desse primeiro mal, o aprendizado e a desculpa de toda espécie de maus empreendimentos.

---

1. "Ai, sofro dos ferimentos infligidos por minhas próprias flechas", Ovídio, *Heroides*, II, 48. (N.E.)

Do costume, e de não mudar facilmente uma lei aceita

E acontece-nos aquilo que Tucídides diz das guerras civis de seu tempo, que em favor dos vícios públicos eles eram batizados com palavras novas mais amenas, para desculpá-los, alterando e enfraquecendo seus verdadeiros títulos. Isso, no entanto, é para reformar nossas consciências e nossas crenças, *honesta oratio est.*[1] Mas o melhor pretexto de novidade é muito perigoso. *Adeò nihil motum ex antiquo probabile est.*[2] Por isso me parece, para falar francamente, que há grande amor de si e presunção em valorizar suas opiniões a tal ponto que, para estabelecê-las, seja preciso derrubar a paz pública e introduzir tantos males inevitáveis e uma tão horrível corrupção dos costumes que trazem as guerras civis e as mudanças de estado, em coisa de tal peso, e introduzi-las em seu próprio país. Não será má conduta promover tantos vícios certos e conhecidos para combater erros contestados e discutíveis? Haverá alguma espécie de vício pior do que aqueles que vão contra a própria consciência e o conhecimento natural? O Senado ousou dar como pagamento esse pretexto, a respeito da diferença entre ele e o povo para o ministério de sua religião: *Ad deos, id magis quàm ad se pertinere; ipsos visuros, ne sacra sua polluantur.*[3] Em conformidade com o que respondera o oráculo aos de Delfos, na guerra médica, que temiam a invasão dos persas. Eles perguntaram ao Deus o que deviam fazer com os tesouros sagrados de seu templo, escondê-los ou levá-los consigo. Ele respondeu que nada movessem, que se preocupassem consigo mesmos,

---

1. "belo discurso!", Terêncio, *Andria*, I, I, 141. (N.E.)

2. "Tanto é verdade que não merece aprovação nenhuma mudança ao uso antigo", Tito Lívio, XXXIV, LIV, 8. (N.E.)

3. "Que isso concernia aos deuses mais do que ao Senado; e que cabia aos deuses impedir a profanação de seus templos", Tito Lívio, X, VI, 10. (N.E.)

que ele era capaz de assegurar o que lhe dizia respeito. A religião cristã tem todas as marcas de extrema justiça e utilidade, mas nenhuma mais evidente do que a exata recomendação de obediência ao magistrado e de manutenção dos governos. Que maravilhoso exemplo deixou-nos a sabedoria divina, que, para estabelecer a salvação do gênero humano e conduzir sua gloriosa vitória contra a morte e o pecado, somente quis agir com a graça de nossa ordem política, e submeteu seu progresso e a condução de tão alto e salutar feito à cegueira e à injustiça de nossas observâncias e usos, deixando correr o sangue inocente de tantos eleitos, seus favoritos, e suportando uma longa perda de anos para amadurecer esse fruto inestimável? É grande a diferença entre a causa daquele que segue as formas e as leis de seu país e aquele que empreende guiá-las e mudá-las. Aquele alega como justificativa a simplicidade, a obediência e o exemplo; o que quer que faça, não pode ser malícia; é, no máximo, má sorte. *Quis est enim, quem non moveat clarissimis monimentis testata consignatáque antiquitas?*[1] Além do que diz Isócrates, que a ausência tem mais a ver com a moderação do que com o excesso. O outro está numa situação mais difícil. Pois quem se põe a escolher e a mudar se apropria do direito de julgar, e deve se comprometer a ver o defeito daquilo que persegue e o benefício daquilo que introduz. Esta consideração tão vulgar reforçou-me em minhas convicções e até mesmo manteve minha juventude, mais temerária, refreada: não carregar meus ombros com fardo tão pesado quanto o de responder por uma ciência de tamanha importância; e não ousar nela aquilo que em sã consciência eu não

---

1. "Quem é aquele, de fato, que não se comove com a antiguidade atestada e consignada pelos mais brilhantes testemunhos?", Cícero, *De divinatione*, I, XL, 87. (N.E.)

ousaria na mais fácil das ciências em que me instruíram, e nas quais a temeridade de julgar é de nulo prejuízo. Parece-me muito iníquo querer submeter as constituições e observâncias públicas e invariáveis à instabilidade de uma fantasia privada (a razão privada tem apenas jurisdição privada) e empreender com as leis divinas aquilo que nenhum governo toleraria com as leis civis. Ainda que a razão humana tenha muito mais relação com elas, no entanto são soberanamente juízes de seus juízes; e sua extrema competência serve para explicar e estender o uso que delas é aceito, não para desviá-lo e inová-lo. Se algumas vezes a providência divina passou por cima das regras, às quais inevitavelmente nos sujeitou, não foi para dispensar-nos delas. São golpes de sua mão divina, que precisamos não imitar mas admirar, e exemplos extraordinários, marcados por uma revelação explícita e particular, do gênero dos milagres que ela nos oferece como testemunho de sua onipotência, acima de nossas disposições e de nossas forças, que é loucura e impiedade tentar imitar, e que não devemos seguir mas contemplar com espanto. Atos de seu papel, não do nosso. Cota declara muito oportunamente: *Quum de religione agitur, T. Coruncanum, P. Scipionem, P. Scaevolam, pontifices maximos, non Zenonem, aut Cleanthem, aut Chrysippum, sequor.*[1] Deus sabe, em nossa atual querela[2], em que há cem artigos a retirar e substituir, grandes e profundos artigos, quantos são os que se podem vangloriar de terem examinado pontualmente as razões e os fundamentos de um e outro partido. Seu número, se é que formam um número, não teria grande capacidade de nos perturbar.

---

1. "Quando se trata de religião, sou T. Coruncânio, P. Cipião, P. Scevola, nossos grande pontífices, e não Zenão, Cleanto ou Crisipo", Cícero, *De natura deorum*, III, II, 5. (N.E.)
2. Isto é, as guerras de religião e a polêmica doutrinal. (N.T.)

Mas toda a grande multidão dos outros, aonde vai ela? Sob qual insígnia se alinha? Acontece com seu remédio o mesmo que com os outros remédios fracos e mal aplicados: os humores que queria purgar em nós, ele os aqueceu, exacerbou e azedou pelo conflito, e ainda manteve-se em nosso corpo. Ele não pôde purgar-nos devido a sua fraqueza, e entretanto nos enfraqueceu; de maneira que tampouco podemos nos desvencilhar dele, e recolhemos de sua intervenção apenas dores prolongadas e intestinas. No entanto, a fortuna, sempre preservando sua autoridade sobre nossas palavras, apresenta-nos algumas vezes a necessidade como tão urgente que é preciso que as leis lhe cedam algum espaço. E quando resistimos ao crescimento de uma inovação que por meios violentos vem a introduzir-se, manter-se em tudo e toda parte com contenção e regras contra aqueles que têm liberdade de ir e vir, aos quais é permitido tudo o que pode promover seus intentos, que não têm nem lei nem regra que não perseguir seu proveito, é uma perigosa obrigação e uma desigualdade.

Auditum nocendi perfido praestat fides.[1]

A disciplina normal de um Estado saudável não assegura contra esses acidentes extraordinários; ela pressupõe um corpo que se sustenta em seus principais membros e funções, e um consentimento comum à sua observação e obediência. O comportamento legítimo é um comportamento frio, ponderado e contido, e não pode resistir a um comportamento licencioso e desenfreado. Sabemos que ainda são criticados aqueles dois grandes personagens, Otávio e Catão, por terem, nas guerras civis

---

1. "Confiar no pérfido é dar-lhe meios de prejudicar", Sêneca, *Œdipe*, 686. (N.E.)

de Sila, um, e de César, outro, antes deixado sua pátria exposta a todas as situações extremas do que a terem socorrido às expensas de suas leis, e mudado algo. Pois na verdade, nessas derradeiras exigências, em que não há mais como resistir, talvez fosse mais sensato baixar a cabeça e suportar os golpes do que, obstinando-se além do possível a nada liberar, dar ocasião à violência de tudo espezinhar; e mais valeria fazer as leis quererem o que elas podem, visto que não podem o que querem. Assim fez aquele que ordenou que elas dormissem por 24 horas; e aquele que mudou daquela vez um dia do calendário; e aquele outro que do mês de junho fez o segundo mês de maio. Os próprios lacedemônios, observadores tão escrupulosos das ordenanças de seu país, estando constrangidos pela lei que proibia eleger almirante por duas vezes um mesmo personagem, e por outro lado seus assuntos requerendo necessariamente que Lisandro assumisse de novo esse encargo, de fato fizeram Araco almirante, mas Lisandro superintendente da Marinha. E com a mesma sutileza um de seus embaixadores, tendo sido enviado aos atenienses para obter a mudança de alguma ordenança e Péricles lhe alegasse que era proibido retirar o quadro em que uma lei fora inscrita, aconselhou-o que apenas o virasse, visto que isso não era proibido. É por isso que Plutarco louva Filopêmen, que, tendo nascido para comandar, sabia não apenas comandar segundo as leis como as próprias leis, quando a necessidade pública assim exigia.

Capítulo XXIII
Diversos resultados da mesma resolução

Jacques Amyot, capelão-mor da França, contou-me um dia essa história em honra de um de nossos príncipes (e era nosso com toda razão, ainda que sua origem fosse estrangeira): que durante nossos primeiros transtornos no cerco de Rouen, sendo esse príncipe advertido pela rainha, mãe do rei, de um atentado contra sua vida, e instruído privadamente por suas cartas sobre aquele que deveria levá-lo a cabo, um fidalgo de Angers ou Le Mans que frequentava então a casa do príncipe com esse fim, não comunicou a ninguém essa advertência; mas, passeando no dia seguinte no monte Santa Catarina, de onde bombardeávamos Rouen (pois era a época em que a mantínhamos sitiada), tendo a seu lado o referido senhor capelão-mor e outro bispo, ele avistou o fidalgo que lhe fora assinalado e mandou chamá-lo. Quando esteve em sua presença, disse-lhe assim, ao vê-lo já empalidecer e estremecer ante a agitação de sua consciência: "Senhor de tal lugar, desconfiais muito bem do que quero de vós, e vosso rosto o demonstra. Nada tendes a esconder-me, pois estou tão bem informado de vosso propósito que o senhor apenas piorará vossa situação ao tentar encobri-lo. Conheceis bem tal e tal coisa (que eram todos os pormenores das mais secretas peças daquele complô); não falheis por vossa vida em confessar-me a verdade de todo esse plano". Quando o pobre homem se viu pego e convicto (pois tudo havia sido revelado à rainha por um dos cúmplices), restou-lhe apenas unir as mãos e requerer a graça e a misericórdia do príncipe, aos pés do qual quis se atirar, mas este o impediu, continuando assim sua fala: "Dizei-me, causei-vos alguma vez algum dissabor? Feri algum dos vossos com ódio pessoal? Não faz três semanas que vos conheço, que razão pode ter-vos levado a intentar minha morte?". O fidalgo respondeu com voz trêmula que não fora por nenhuma causa particular que tivesse, mas pelo interesse da causa geral de seu partido, e que alguns o haviam persuadido que seria uma execução cheia de piedade eliminar, da maneira que fosse, um inimigo tão poderoso de sua religião. "Agora", prosseguiu o príncipe, "quero mostrar-vos o quanto a religião que sigo é mais doce do que aquela que professais. A vossa aconselhou-vos a matar-me sem me ouvir, sem ter recebido de mim alguma ofensa; e a minha ordena-me que vos perdoe, culpado que sois por ter desejado matar-me sem razão. Ide embora, retirai-vos, que eu não vos veja mais aqui; e, se sois sensato, tomai doravante em vossos projetos conselheiros mais honrados do que esses". O imperador Augusto, estando na Gália, recebeu certo aviso de uma conjuração que L. Cina urdia contra ele e deliberou vingar-se. Convocou para o dia seguinte, com esse fim, o conselho de seus amigos; mas passou a noite anterior com grande agitação, refletindo que devia mandar matar um jovem de boa família, e sobrinho do grande Pompeu; e lamentando-se enunciou raciocínios variados. "Quê?", dizia ele, "Será então que permanecerei receoso e alarmado, e que deixarei, enquanto isso, meu assassino passear à vontade? Sairá ele disso livre, tendo atormentado minha cabeça, que salvei de tantas guerras civis, de tantas batalhas, no mar e em terra? E, depois de eu ter estabelecido a paz universal do mundo, será ele absolvido, tendo deliberado não apenas assassinar-me, mas sacrificar-me?" Pois a conjuração determinava matá-lo quando ele oferecesse algum sacrifício. Depois disso, tendo mantido silêncio por um espaço de tempo, ele recomeçava numa voz mais forte, responsabilizando a si mesmo: "Por que vives, se interessa a tanta gente que morras? Não haverá nunca um fim para tuas vinganças e crueldades? Tua vida vale que tanto dano seja feito para conservá-la?". Lívia, sua mulher, adivinhando-o nessas angústias, disse-lhe: "E os conselhos das mulheres serão ouvidos? Faz o que fazem os médicos quando as receitas habituais não servem mais: tentam receitas contrárias. Pela severidade, até agora nada obtiveste: Lépido seguiu a Salvidiano, Murena a Lépido, Cepião a Murena, Ignácio a Cepião. Começa a experimentar como te resultarão a delicadeza e a clemência. Cina é culpado, perdoa-o; ele então não poderá te prejudicar, e beneficiará tua glória". Augusto ficou bem contente de ter encontrado um advogado de seu humor, e, tendo agradecido à mulher e dispensado os amigos que indicara ao Conselho, ordenou que Cina fosse enviado sozinho até ele. E tendo feito todo mundo sair de seu quarto e mandado oferecer um assento a Cina, falou-lhe desta maneira: "Em primeiro lugar te peço, Cina, para ouvir-me em silêncio; não interrompas minha fala, dar-te-ei tempo e permissão para responder. Sabes, Cina, que tendo te encontrado no campo de meus inimigos, não apenas por ter-te feito meu inimigo mas por teres nascido assim, eu te salvei. Entreguei-te todos os teus bens, e por fim tornei-te tão provido e tão abastado que os vitoriosos têm inveja da condição do vencido; outorguei-te o ofício do sacerdócio que me pediste, tendo-o recusado a outros cujos pais sempre haviam combatido a meu lado; tendo-te favorecido tanto, planejaste me matar". Tendo Cina contra isso exclamado estar muito longe de pensamento tão maldoso, Augusto continuou: "Não manténs, Cina, o que me tinhas prometido; tinhas-me garantido que eu não seria interrompido. Sim, planejaste matar-me, em tal local, tal dia, em tal companhia e de tal maneira". E vendo-o transido por essas notícias e em silêncio, não mais para manter o pacto de calar-se mas pelo peso de seu remorso, acrescentou: "Por que fazes isso? Para ser imperador? A coisa pública realmente vai bem mal se há apenas eu que te impeça de chegar ao Império. Não consegues sequer defender tua casa, e recentemente perdeste um processo para um simples escravo liberto. Como? Não tens meios nem poder para outra coisa além de atentar contra César? Renuncio, se há apenas eu a frustrar tuas esperanças. Pensas que Paulo, que Fábio, que os cosseanos e os servilianos te toleram? Bem como tão grande grupo de nobres não somente no nome mas que pela virtude honram sua nobreza?". Depois de muitas outras palavras (pois falou com ele mais de duas horas inteiras), disse-lhe: "Agora vai. Dou-te, Cina, enquanto traidor e parricida, a vida que outrora te poupei enquanto inimigo. Que a amizade comece hoje entre nós; verifiquemos quem de nós dois é mais fiel, eu que te dei tua vida, ou tu que a recebeste". E dito isso deixou-o. Algum tempo depois deu-lhe o consulado, lamentando-se por ele não ter ousado pedi-lo. Desde então teve-o como grande amigo e foi feito por ele único herdeiro de seus bens. Ora, depois desse incidente, que aconteceu a Augusto no quadragésimo ano de sua vida, nunca mais houve conjuração nem tentativas contra ele, que recebeu uma justa recompensa por sua clemência. Mas o mesmo não aconteceu com o nosso; pois sua bondade não soube garantir que ele não caísse na armadilha de similar traição. A prudência humana é coisa vã e frívola; permeando todos os nossos projetos, nossos conselhos e precauções, a fortuna sempre mantém o domínio dos acontecimentos. Chamamos os médicos de afortunados quando chegam a algum bom resultado; como se sua arte fosse a única que não pudesse se manter por si mesma, e que tivesse os fundamentos frágeis demais para sustentar-se com sua própria força, e como se somente ela precisasse que a fortuna favorecesse suas ações. Da medicina acredito em todo o pior ou o melhor que se quiser, pois não mantemos, graças a Deus, nenhuma relação comum. Sou o contrário dos outros, pois de fato a menosprezo sempre; mas quando estou doente, em vez de transigir, começo também a odiá-la e temê-la; e respondo àqueles que me pressionam a tomar um remédio que esperem ao menos que eu recupere minhas forças e minha saúde, para ter mais meios de suportar o efeito e o risco de suas poções. Deixo a natureza agir, e pressuponho que ela se tenha munido de dentes e garras para se defender dos assaltos que lhe sobrevêm e para manter essa estrutura cuja dissolução procura evitar. Temo que em vez de socorrê-la, quando ela está em enfrentamento estreito e bem firme com a doença, socorramos seu adversário no seu lugar, e que a sobrecarreguemos com novos problemas. Digo, porém, que não somente na medicina como em várias artes mais seguras a fortuna tem boa participação. Os arroubos poéticos que impelem seu autor e o carregam para fora de si, por que não os atribuímos a sua boa sorte, visto que ele mesmo confessa que ultrapassam sua competência e suas forças, e além disso reconhece que vêm de outro lugar que não dele e que não os têm de modo algum em seu poder, não mais que os oradores dizem não ter em seu poder os movimentos e agitações extraordinários que os carregam para além de sua intenção? O mesmo se dá na pintura, em que às vezes escapam traços da mão do pintor que ultrapassam sua concepção e sua ciência, que causam sua própria admiração, e que o espantam. Mas a fortuna mostra ainda mais evidentemente a participação que tem em todas essas obras através das graças e belezas que nelas são encontradas, não somente sem a intenção como sem mesmo o conhecimento do autor. Um leitor capaz descobre amiúde nos escritos de outrem perfeições diferentes das que o autor neles colocou e percebeu, e empresta-lhes sentidos e aspectos mais ricos. Quanto às operações militares, todos veem como a fortuna tem boa participação. A nossos próprios conselhos e a nossas deliberações é preciso por certo que haja acaso e sorte misturados, pois o máximo que nossa sabedoria pode não é grande coisa; quanto mais é aguda e viva, mais fraqueza encontra em si e tanto mais desconfia de si mesma. Sou da opinião de Sila; e, quando examino de perto as mais gloriosas façanhas de guerra, vejo, assim me parece, que aqueles que as conduzem nelas empregam deliberação e resolução apenas por desencargo de consciência, e que a melhor parte da operação abandonam à fortuna, e seguros de seu socorro ultrapassam a todo momento os limites de qualquer lógica. Em suas deliberações ocorrem alegrias fortuitas e furores estranhos, que os levam no mais das vezes a tomar o partido aparentemente menos fundamentado e que aumentam sua coragem acima do razoável. Donde adveio a vários grandes capitães antigos, para dar crédito a suas decisões temerárias, alegar aos seus que tinham sido incitados àquilo por alguma inspiração, por algum sinal e premonição. Eis por que nessa incerteza e perplexidade que nos traz a impotência de ver e escolher o que é mais cômodo, pelas dificuldades que os diversos incidentes e circunstâncias de cada coisa provocam, o mais seguro, quando outra consideração não nos levar a isso, é em minha opinião remeter-se ao partido em que há mais honestidade e justiça, e, quando se está em dúvida sobre o caminho mais curto, sempre seguir o caminho reto. Da mesma maneira, nos dois exemplos que acabei de propor, não há dúvida de que foi mais belo e mais generoso àquele que recebeu a ofensa perdoá-la do que fazer outra coisa. Se as coisas acabaram mal para o primeiro, não se deve culpar sua boa intenção; não sabemos, se ele tivesse tomado o partido contrário, se teria escapado ao fim para o qual seu destino o chamava; e teria perdido a glória de semelhante humanidade. Veem-se nas histórias muitas pessoas com esse temor, sendo que a maior parte seguiu o caminho de se adiantar às conjurações que eram preparadas contra elas com vingança e suplícios; mas vejo muito poucas a quem esse remédio tenha servido, como atestam tantos imperadores romanos. Aquele que se encontra nesse perigo não deve esperar muito nem de sua força, nem de sua vigilância. Pois quanto não é difícil defender-se de um inimigo sob o rosto do amigo mais obsequioso que temos? E conhecer as vontades e os pensamentos interiores daqueles que nos assistem? É inútil empregar nações estrangeiras para sua guarda, e estar sempre cercado por uma barreira de homens armados; quem sentir desdém por sua vida sempre se tornará senhor da de outro. E, depois, essa contínua suspeita que faz o príncipe duvidar de todo mundo deve servir-lhe como um extraordinário tormento. No entanto, Díon, avisado que Calipo espreitava os meios de fazê-lo morrer, nunca teve coragem de informar-se, dizendo que preferia morrer a viver naquela miséria de precisar defender-se não somente de seus inimigos como também de seus amigos. Coisa que Alexandre demonstrou de fato muito mais vivamente, e mais bruscamente, quando, tendo sido avisado por uma carta de Parmênion que Filipo, seu mais dileto médico, fora corrompido pelo dinheiro de Dario para envenená-lo, ao mesmo tempo em que entregava a carta para Filipo ler, engoliu a poção que ele lhe apresentara. Não seria expressar a resolução de que, se os amigos queriam matá-lo, ele consentiria que pudessem fazê-lo? Esse príncipe é o patrono soberano dos atos arriscados, mas não sei se há traço em sua vida que tenha mais firmeza do que este, e beleza ilustre sob tantos aspectos. Aqueles que predicam aos príncipes uma desconfiança tão atenta, a pretexto de predicar sua segurança, predicam sua ruína e sua vergonha. Nada de nobre se faz sem risco. Conheço um de coragem, muito firme em sua compleição e audacioso, cuja boa fortuna todos os dias é corrompida por tais persuasões: que ele se encerre entre os seus, que ele não consinta com nenhuma reconciliação de seus antigos inimigos, se mantenha à parte e não se confie a mãos mais fortes, não importa a promessa que lhe façam, não importa a utilidade que veja nisso. Conheço outro que inesperadamente favoreceu sua fortuna por ter recebido conselho totalmente oposto. A ousadia, cuja glória buscam tão avidamente, se manifesta, quando necessário, tão magnificamente de colete quanto em armas, num gabinete quanto num acampamento, de braço pendente quanto erguido. A prudência, tão suave e circunspecta, é inimiga mortal das grandes realizações. Cipião, para observar a vontade de Sífax, deixando seu exército e abandonando a Espanha, ainda incerta sob sua recente conquista, conseguiu passar para a África em dois simples navios para se confiar em terra inimiga ao poder de um rei bárbaro, a uma fidelidade desconhecida, sem garantias, sem morada, sob a única segurança da grandeza de sua própria coragem, de sua boa sorte e da promessa de suas altas esperanças. *Habita fides ipsam plerumque fidem obligat.*[1] Em uma vida ambiciosa e famosa é preciso, ao contrário, pouco conceder às suspeitas e manter-lhes rédea curta; o temor e a desconfiança convidam à injúria e a incitam. O mais desconfiado de nossos reis firmou seus assuntos principalmente por ter voluntariamente abandonado e entregado sua vida, e sua liberdade, nas mãos dos inimigos, mostrando ter-lhes total confiança, para que adquirissem confiança nele. A suas legiões amotinadas e armadas contra ele, César opunha somente a autoridade de seu rosto e a intrepidez de suas palavras; e tanto se fiava em si e em sua fortuna que não temia entregar-se e confiar-se a um exército sedicioso e rebelde.

> *stetit aggere fulti*
> *Caespitis, intrepidus vultu, meruitque timeri*
> *Nil metuens.*[2]

Mas é bem verdade que essa firme segurança só pode ser expressa por inteiro, e ao natural, por aqueles a quem a ideia da morte, e do pior que pode acontecer depois de tudo, não causa pavor; pois expressá-la ainda vacilante, duvidosa e incerta, para o serviço de uma importante reconciliação é não fazer nada que valha. Um excelente meio de ganhar o coração e a vontade do outro é submeter-se a ele e fiar-se nele, desde que seja livremente e sem a exigência de alguma necessidade, e que seja de forma a depositar-lhe uma confiança pura

---

1. "A confiança na maioria das vezes gera confiança", Tito Lívio, XXII, XXII, 14. (N.E.)
2. "ele parou sobre a colina, o ar intrépido, e, nada temendo, mereceu ser temido", Lucano, V, 316-318. (N.E.)

e inequívoca, ao menos com a fronte livre de qualquer dúvida. Vi, em minha infância, um fidalgo, comandante de uma grande cidade, pressionado pela comoção de um povo furioso. Para extinguir aquele início de tumulto, decidiu sair do lugar muito seguro onde estava e ir até aquela turba amotinada; saiu-se mal com isso, e ali foi miseravelmente morto. Mas não me parece que seu erro se devesse tanto por ter saído, como normalmente criticam-lhe ao recordá-lo, quanto por ter seguido uma via de submissão e indolência, e ter pretendido acalmar aquela fúria antes seguindo do que guiando, e antes pedindo do que ditando; e acredito que uma bondosa severidade, com um comando militar cheio de segurança e confiança, adequados a seu posto e à dignidade de seu cargo, lhe teriam resultado melhor, pelo menos com mais honra e dignidade. Não há nada menos esperável, desse monstro assim agitado, do que a humanidade e a suavidade; ele reconhecerá bem melhor a reverência e o temor. Eu lhe criticaria também que, tendo tomado a resolução antes corajosa, em minha opinião, do que temerária, de lançar-se fraco e de colete em meio àquele mar tempestuoso de homens insensatos, ele deveria tê-la assumido até o fim e não abandonar aquele personagem. No momento em que, depois de reconhecer o perigo de perto, começou a fraquejar e ainda, depois, a substituir aquela atitude resignada e obsequiosa que havia empregado por uma atitude assustada, enchendo sua voz e seus olhos de espanto e arrependimento, procurando se esconder e se esquivar, ele inflamou-os e incitou-os contra si. Deliberávamos[1] fazer uma inspeção geral das diversas tropas em armas (o momento de vinganças secretas, e não há outro em que se pode executá-las

---

1. Montaigne passa a falar de um episódio ocorrido ao fim de seu segundo mandato como prefeito de Bordeaux (maio de 1585). (N.T.)

com maior segurança); havia sinais públicos e notórios de que não era muito bom para alguns, a quem cabia o principal e necessário encargo de inspeção, fazê-la. Foram propostos vários planos de ação, como em coisa difícil e que tinha muito peso e consequência. O meu foi que acima de tudo evitássemos revelar algum indício dessa suspeita, e que estivéssemos e nos misturássemos por entre as fileiras, com a cabeça ereta e o rosto aberto, e que em vez de suprimir alguma coisa (o que as outras opiniões mais tinham em vista), pelo contrário, solicitássemos aos capitães que instruíssem os soldados a fazer suas belas e alegres salvas em honra dos assistentes e a não poupar pólvora. Isso serviu de gratificação àquelas tropas suspeitas, e imediatamente engendrou uma mútua e útil confiança. A via que Júlio César seguiu, considero ser a mais bela que se possa tomar. Primeiramente ele tentou, pela clemência, fazer-se amar por seus próprios inimigos, contentando-se, às conjurações que lhe eram reveladas, em declarar simplesmente que fora avisado. Feito isso, ele tomou a muito nobre resolução de esperar sem temor e sem solicitude o que lhe pudesse acontecer, abandonando-se e remetendo-se à guarda dos deuses e da fortuna. Com certeza foi este o estado em que estava quando foi morto. Um estrangeiro tendo dito e propagado por toda parte que poderia ensinar a Dionísio, tirano de Siracusa, um meio de perceber e descobrir com toda certeza as intrigas que seus súditos maquinavam contra ele, se este quisesse dar-lhe uma bela moeda de prata, e tendo Dionísio sido avisado, mandou chamá-lo para esclarecer-se sobre uma arte tão necessária para sua salvaguarda; esse estrangeiro disse-lhe que não havia outra arte além da de mandar entregar-lhe um talento e vangloriar-se de ter aprendido com ele um segredo ímpar. Dionísio achou boa essa invenção, e mandou pagarem-lhe seiscentos escudos. Não sendo verossímil que ele tivesse dado tão grande quantia a um homem desconhecido, salvo em recompensa a um ensinamento muito útil, essa avaliação serviu para manter seus inimigos receosos. No entanto, os príncipes sabiamente propagam os avisos que recebem das maquinações contra suas vidas, para fazerem crer que estão bem avisados e que nada se pode intentar sem que pressintam o perigo. O duque de Atenas fez várias tolices ao estabelecer sua recente tirania sobre Florença; mas a mais notável foi esta: tendo recebido o primeiro aviso das intrigas que esse povo armava contra ele por Matteo di Morozzo, cúmplice delas, mandou matá-lo para suprimir aquela advertência e não deixar perceber que alguém na cidade se incomodava com sua dominação. Isso me lembra outrora ter lido a história de algum romano, personagem de dignidade, que fugindo da tirania do triunvirato escapara mil vezes das mãos daqueles que o perseguiam pela sutileza de seus expedientes. Aconteceu um dia que uma tropa de soldados a cavalo, que tinha o encargo de prendê-lo, passou bem perto de uma moita onde ele se escondera e quase o descobriu. Mas àquela altura, considerando o sofrimento e as dificuldades que por tanto tempo já havia suportado para se salvar das contínuas e minuciosas buscas que dele faziam por toda parte, o pouco de prazer que podia esperar de semelhante vida, e quão mais lhe valia morrer de uma vez por todas do que permanecer para sempre naquele transe, ele mesmo chamou-os e denunciou seu esconderijo, entregando-se voluntariamente à sua crueldade para livrar a eles e a si mesmo de sofrimento mais longo. Chamar a si as mãos inimigas é uma decisão um pouco audaciosa; ainda assim acredito que mais valeria tomá-la do que permanecer na febre contínua de um incidente que não tem solução. Mas visto que as precauções que nisso se pode tomar estão cheias de inquietude e incerteza, mais vale preparar-se com uma bela confiança para tudo o que puder acontecer, e tirar algum consolo em não se ter certeza do que acontecerá.

Capítulo XXIV
Do pedantismo

Muitas vezes fiquei irritado, em minha infância, por ver nas comédias italianas o professor no papel do tolo, e o cognome de mestre não ter significado muito mais honroso entre nós. Pois, entregue a eles para minha educação, podia eu fazer menos do que velar por sua reputação? Eu procurava defendê-los pela discordância natural que existe entre o vulgo e as pessoas raras e excelentes em julgamento e em saber, visto que seguem um caminho totalmente oposto uns dos outros. Mas nisso perdia meu latim, pois os homens mais valorosos eram os que mais os menosprezavam, como atesta nosso bom Du Bellay:

Mas odeio acima de tudo um saber professoral.[1]

E é antigo esse costume, pois Plutarco diz que grego e escolar eram palavras de crítica entre os romanos, e de menosprezo. Depois, com a idade, descobri que tinham grandessíssima razão, e que *magis magnos clericos, non sunt magis magnos sapientes.*[2] Mas ainda estou em dúvida sobre como pode ser que uma alma rica com o conhecimento de tantas coisas não se torne mais viva e mais esperta, e que um espírito grosseiro e vulgar possa abrigar em si, sem se beneficiar, as palavras e os julgamentos dos mais excelentes espíritos que o mundo

---

1. J. du Bellay, *Les Regrets*, soneto LXVIII, 14. (N.E.)
2. "os maiores grandes clérigos não são os maiores sábios", provérbio escolástico em latim macarrônico que Rabelais atribui ao frei Jean des Entommeures em *Gargântua*, XXXIX. (N.E.)

produziu. Para acolher tantas inteligências externas, tão fortes e tão grandes, é necessário (dizia-me uma jovem dama, a primeira de nossas princesas, falando de alguém) que a sua se contraia, se contenha e se curve para dar espaço às outras. Eu facilmente diria que, assim como as plantas morrem com umidade demais e as lâmpadas com óleo demais, também a ação do espírito com estudo e atividade demais, o qual, ocupado e embaraçado por uma grande diversidade de coisas, perde o meio de se esclarecer; e essa carga o mantém curvado e encolhido. Mas ocorre coisa diferente, pois nossa alma se expande ainda mais quando se enche. Nos exemplos dos tempos antigos vê-se, bem pelo contrário, homens capazes no manejo das coisas públicas, grandes capitães e grandes conselheiros nos negócios de Estado, terem sido ao mesmo tempo muito sábios. Quanto aos filósofos, afastados de qualquer ocupação pública, na verdade por vezes também foram menosprezados pela liberdade dos cômicos de seu tempo, sendo ridicularizados por suas opiniões e maneiras. Quereis fazê-los juízes dos direitos de um processo, das ações de um homem? Estão mesmo prontos! Ainda investigam se há vida, se há movimento, se o homem é diferente de um boi, o que é agir e sofrer, que bichos são a lei e a justiça. Falam do magistrado, ou falam com ele? Com uma liberdade irreverente e incivil. Ouvem louvar um príncipe ou um rei? Para eles é um pastor, ocioso como um pastor, ocupado em explorar e tosquiar seus animais, mas bem mais severamente. Considereis alguém superior por possuir duas mil jeiras de terra? Eles zombam disso, acostumados a considerar o mundo inteiro sua propriedade. Vangloriai-vos de vossa nobreza, por terdes sete antepassados ricos? Eles pouco vos consideram, pois não concebeis a imagem universal da natureza e de como cada um de nós teve predecessores ricos, pobres, reis, criados, gregos, bárbaros. E quando fordes o quinquagésimo descendente de Hércules eles vos acharão fútil por dar valor a uma dádiva da fortuna. Assim, o vulgo os desdenhava, como ignorantes das coisas primeiras e comuns, como presunçosos e insolentes. Mas esse retrato platônico está bastante distante daquele que cabe a nossos professores. Os filósofos eram invejados por estarem acima do comportamento comum, por menosprezarem as atividades públicas, por terem erigido uma vida singular e inimitável, regrada por certas palavras elevadas e fora de uso; os professores são desdenhados por estarem abaixo do comportamento comum, por serem incapazes de cargos públicos, por levarem uma vida e costumes baixos e vis como o vulgo. *Odi homines ignava opera, Philosopha sententia.*[1] Quanto a esses filósofos, digo que, assim como eram grandes em ciência, eram ainda maiores em toda ação. E assim como se diz daquele geômetra de Siracusa, o qual, tendo sido desviado de sua contemplação para colocar alguma coisa em prática na defesa de seu país, de repente concebeu instrumentos apavorantes e efeitos superiores a toda possibilidade de crença humana, ele próprio desdenhando, no entanto, de toda essa sua manufatura, e pensando com isso ter corrompido a dignidade de sua arte, da qual seus objetos eram apenas aprendizado e joguete; também eles, quando alguma vez foram submetidos à prova da ação, foram vistos voar tão alto que seus corações e suas almas pareciam ter-se espantosamente desenvolvido e enriquecido pela

---

[1] "Odeio os homens sem energia na ação e filósofos na palavra", Pacúvio, citado por Aulo Gélio, XIII, VIII, 4, e por Justo Lipsio, *Politicorum libri VI*, I. X. (N.E.)

compreensão das coisas. Mas alguns, vendo o governo político ocupado por homens incapazes, dele se afastaram. E aquele que perguntou a Crates até quando seria preciso filosofar recebeu esta resposta: "Até que não sejam mais condutores de burros que conduzam nossos exércitos". Heráclito renunciou à realeza em favor do irmão. E aos efésios, que o criticavam porque passava seu tempo brincando com as crianças diante do templo: "Não vale mais fazer isso do que governar em vossa companhia?". Outros, tendo a imaginação colocada acima da fortuna e do mundo, acharam baixos e vis os assentos da justiça e mesmo os tronos dos reis. E Empédocles recusou a realeza que os agrigentinos lhe ofereceram. Tales, uma vez criticando a atenção dada ao lar e ao enriquecimento, foi acusado de fazer como a raposa, por não conseguir triunfar nisso. Ele sentiu vontade, por passatempo, de fazer essa experiência, e tendo para isso rebaixado seu saber a serviço do lucro e do ganho, estabeleceu um comércio que dentro de um ano produziu tantas riquezas que os mais experientes nesse ofício em toda sua vida dificilmente produziriam o mesmo. Aquilo que Aristóteles conta, que alguns chamavam Tales e Anaxágoras, e seus semelhantes, de sábios e imprudentes por não terem cuidados suficientes com as coisas mais úteis, além de eu não assimilar bem essa diferença de palavras, isso não serve de desculpa a meus professores, e ao ver a baixa e necessitada fortuna com que se contentam teríamos antes motivo para dizer que não são nem sábios nem prudentes. Deixo de lado essa primeira explicação e creio que melhor seja dizer que esse mal provém da maneira errada com que se aplicam às ciências, e que visto a maneira com que somos instruídos não é espantoso que nem os alunos nem os mestres nelas se tornem mais hábeis, ainda que nelas se façam mais doutos. Na verdade, a preocupação e a despesa de nossos pais visam apenas nos encher a cabeça de ciência; de discernimento e de virtude, pouco se tem notícia. Clamai a nosso povo sobre um passante: "Oh, que homem sábio!". E sobre outro: "Oh, que homem bom!". Não deixarão de voltar os olhos e seu respeito para o primeiro. Seria preciso um terceiro clamador: "Oh, que cabeças tolas!". Perguntamo-nos naturalmente: "Sabe ele grego ou latim? Escreve ele em verso ou em prosa?". Mas se ele se tornou melhor ou mais sensato, isso era o principal, e é o que fica para trás. Seria preciso perguntar-se quem é melhor sábio, não quem é mais sábio. Trabalhamos apenas para encher a memória, e deixamos o entendimento e a consciência vazios. Assim como os pássaros saem às vezes em busca de grão e o carregam no bico sem experimentar, para colocá-lo no bico dos filhotes, da mesma forma nossos professores vão bicando a ciência nos livros e só a assentam na ponta dos lábios, apenas para escoá-la e dissipá-la. É espantoso quão adequadamente a tolice se assenta em meu exemplo. Não será a mesma coisa, isso que faço na maior parte dessa composição? Vou apanhando aqui e acolá nos livros as sentenças que me agradam; não para guardá-las (pois não tenho lugar para isso), mas para transportá-las neste aqui; onde, para dizer a verdade, elas não são mais minhas do que em seu lugar de origem. Somos conhecedores, assim creio, apenas da ciência presente; não da passada, tampouco da futura. Mas o pior é que os alunos e seus filhos tampouco dela se nutrem e alimentam, ela passa de mão em mão com o único fim de ser exibida, de entreter outrem e de fazer contas como uma vã moeda, inútil para qualquer outro uso e emprego além de contar e calcular. *Apud alios loqui didicerunt, non ipsi secum.*[1] *Non est loquendum, sed gubernandum.*[2] A natureza, para mostrar que não há nada de selvagem naquilo que ela conduz, muitas vezes faz nascer nas nações menos cultivadas para as artes produções de espírito que rivalizam com as mais artísticas produções. Em relação às minhas palavras, o provérbio gascão retirado de uma charamela é sutil: *Bouha prou bouha, mas à remuda lous dits qu'em*. Soprar, muito soprar, mas ainda precisamos mexer os dedos. Sabemos dizer: "Cícero diz assim; eis os costumes de Platão; são as próprias palavras de Aristóteles". Mas nós, o que dizemos por nós mesmos? O que fazemos? O que pensamos? Um papagaio falaria da mesma forma. Esse comportamento me faz lembrar daquele rico romano que havia tomado o cuidado, com despesas muito grandes, de encontrar homens capazes em todo gênero de ciência, os quais mantinha constantemente a seu redor a fim de que, quando surgisse entre seus amigos alguma ocasião de falar de alguma coisa ou outra, eles assumissem seu lugar e estivessem prontos a lhe fornecer, um algum discurso, outro um verso de Homero, cada qual segundo sua competência; e ele pensava ser seu esse saber, porque estava na cabeça de seus homens. Como fazem também aqueles cuja competência reside em suas suntuosas bibliotecas. Conheço um que, quando lhe pergunto o que sabe, ele me pede um livro para mostrá-lo; e não ousaria dizer-me que tem o traseiro sarnento sem ir imediatamente procurar em seu léxico o que é

---

1. "Eles aprenderam a falar na frente dos outros, não a conversar consigo mesmos", Cícero, *Tusculanes*, V, XXXVI, 103. (N.E.)
2. "Não se trata de falar, mas de timonear", Sêneca, *Cartas a Lucílio*, CVIII, 37. (N.E.)

sarnento e o que é traseiro. Defendemos as opiniões e o saber dos outros, e nada mais; é preciso fazê-los nossos. Parecemos justamente alguém que precisando de fogo fosse pedi-lo na casa do vizinho, e que tendo lá encontrado um belo e grande lá ficasse a esquentar-se, sem mais lembrar-se de levar um pouco para sua casa. De que nos serve ter a pança cheia de alimento se este não é digerido, se não se transforma em nós? Se ele não nos faz crescer e não nos fortalece? Pensamos que Lúculo, que as letras tornaram e formaram tão grande capitão sem a experiência, as adquiriu à nossa maneira? Deixamo-nos levar tão intensamente pelas mãos de outros que aniquilamos nossas forças. Quero armar-me contra o temor da morte? Faço-o à custa de Sêneca. Quero obter consolo para mim ou para um outro? Recebo-o de Cícero; tê-lo-ia tirado de mim mesmo se nisso me tivessem treinado. Não gosto dessa competência relativa e mendigada. Mesmo que possamos ser sabedores do saber dos outros, só podemos ser sábios de nossa própria sabedoria.

Μισῶ σοφιστὴν, ὅστις οὐχ αὑτῷ σοφός.[1]
Ex quo Ennius: Nequidquam sapere sapientem, qui ipse sibi prodesse non quiret.[2]
Si cupidus, si
Vanus, et Euganea quantumuis vilior agna.[3]

---

1. "Odeio o sábio que não é sábio por si mesmo", Eurípides, fragmento 905, citado por Cícero, *Epístolas familiares*, XIII, XV, 2. (N.E.)

2. "Por isso diz Ênio: o sábio seria sábio em vão se não soubesse ser útil a si mesmo", Cícero, *De officiis*, III, XV, 62. (N.E.)

3. "Tão avaro, tão vaidoso, e mais vil que uma borrega da Eugânea", Juvenal, VIII, 14-15. Montaigne muda *mollior* para *vilior*. (N.E.)

Non enim paranda nobis solùm, sed fruenda sapientia est.[1]
Dionísio zombava dos gramáticos que se preocupam em perguntar pelos males de Ulisses e ignoram os seus próprios; dos músicos que afinam suas flautas e não afinam seus costumes; dos oradores que estudam para falar da justiça, não para fazê-la. Se nossa alma não seguir um impulso melhor, se não tivermos o discernimento mais sadio, eu preferiria que meu aluno passasse o tempo jogando pela, ao menos o corpo ficaria mais vivaz. Vede-o voltar da escola, depois de passados quinze ou dezesseis anos, não há nada mais inadequado para colocar a trabalhar, a única coisa que nele reconheceis a mais é que seu latim e seu grego o tornaram mais tolo e presunçoso do que era ao sair de casa. Devia trazer a alma plena, ele a traz apenas empolada; e apenas inchou-a, em vez de ampliá-la. Esses mestres, como diz Platão sobre os sofistas, seus irmãos, são entre todos os homens aqueles que prometem ser os mais úteis aos homens, e únicos entre todos os homens que não apenas não melhoram aquilo que lhes confiam, como fazem um carpinteiro e um pedreiro, mas o pioram e se fazem pagar por tê-lo piorado. Se a lei que Protágoras propunha a seus discípulos fosse seguida, que eles o pagassem pelo que ele pedisse, ou que jurassem no templo em quanto estimavam o proveito que tinham recebido de seus ensinamentos e segundo este remunerassem seu esforço, meus professores se veriam logrados, tendo-se confiado à palavra de minha experiência. Meu dialeto perigordino chama muito espirituosamente de *lettre ferits*, como se disséssseis *lettre-ferus*, a esses sabichões a quem as letras deram uma

---

[1]. "Pois não se deve apenas adquirir a sabedoria, mas dela tirar partido", Cícero, *De finibus*, I, I, 3, citado por Justo Lipsio, *Politicorum libri VI*, I, X. (N.E.)

martelada, como dizemos.¹ Na verdade, quase sempre eles parecem desprovidos inclusive de senso comum. Pois o camponês e o sapateiro, vede-os seguindo seu caminho de maneira simples e natural, falando daquilo que sabem; eles, por quererem se elevar e se vangloriar com esse saber que paira na superfície de seus cérebros, se atrapalham e se enredam sem cessar. Escapam-lhes belas palavras, mas que outro as aproveite. Eles bem conhecem Galeno, mas nem um pouco o doente; já vos encheram a cabeça de leis, e ainda não entenderam o nó da questão em causa; sabem a teoria de todas as coisas, procurai quem a coloque em prática. Vi um amigo meu, em minha casa, tendo de lidar com um desses, por passatempo inventar um jargão confuso, discurso incoerente, composto de sobreposições, exceto que muitas vezes entremeado de palavras próprias à discussão, e assim se divertiu um dia inteiro a debater com aquele tolo, que sempre pensava estar respondendo às objeções que lhe faziam. E no entanto ele era um homem letrado e de reputação, que tinha uma bela toga.

> *Vos ô patritius sanguis quos vivere par est*
> *Occipiti caeco, posticae occurrite sannae.*²

Quem olhar bem de perto para esse gênero de pessoa, que se espalha tão longe, descobrirá como eu que na maioria das vezes elas não entendem a si mesmas, nem aos outros, e que têm a memória bastante cheia, mas o discernimento completamente vazio, a menos que

---

1. Jogo de palavras em torno das expressões "ferido pelas letras" (martelado pelas letras) e "ferido de amor pelas letras" (apaixonado pelas letras). (N.T.)

2. "Vós, nobres patrícios, a quem convém viver ignorando o que acontece atrás de vós, afrontai as caretas que vos fazem pelas costas", Pérsio, I, 61-62. (N.E.)

sua natureza o tenha moldado por si mesma de outra maneira. Como vi em Adrien Turnèbe, que não tendo exercido outra profissão que a das letras, na qual era, em minha opinião, o maior homem que existiu em mil anos, no entanto nada tinha de pedantesco além do uso da toga e algum comportamento externo que podia não parecer civilizado aos cortesãos, que são coisas sem importância. Odeio gente nossa que suporta com mais dificuldade uma toga do que uma alma oblíqua, e avalia por sua maneira de reverenciar, seu porte e suas botas que homem ele é. Pois por dentro aquela era a alma mais polida do mundo. Muitas vezes lancei-o de propósito em temas distantes de seu costume; ele via tão claro, com uma compreensão tão viva, com um discernimento tão sensato, que parecia jamais ter exercido outro ofício que o da guerra e dos assuntos de Estado. São essas naturezas belas e fortes,

> *queis arte benigna*
> *Et meliore luto finxit praecordia Titan[1],*

que se mantêm no decorrer de uma má educação. Mas não basta que nossa educação não nos estrague, é preciso que nos mude para melhor. Alguns de nossos parlamentos, quando precisam admitir magistrados, os examinam apenas sobre a ciência; os outros acrescentam ainda a prova de discernimento, apresentando-lhes o julgamento de alguma causa. Estes me parecem ter um método muito melhor. E ainda que essas duas partes sejam necessárias, e que ambas devam estar presentes, no entanto, na verdade a do saber é menos

---

1. "cujo peito o Titã modelou com seu nobre talento e uma fina argila", Juvenal, XIV, 34-35. (N.E.)

avaliável que a do discernimento; esta pode passar sem a outra, e a outra não pode passar sem esta. Pois como diz o verso grego,

> Ὡς οὐδὲν ἡ μάθησις, ἢν μὴ νοῦς παρῇ.[1]

De que serve a ciência, se a compreensão não estiver presente? Quisesse Deus que para o bem de nossa justiça essas cortes estivessem tão bem providas em entendimento e consciência quanto estão em ciência. *Non vitae, sed scholae discimus.*[2] Mas não se deve associar o saber à alma, é preciso incorporá-lo a ela; não se deve umedecê-la, deve-se impregná-la com ele; e se ele não a mudar, e não melhorar seu estado imperfeito, certamente vale muito mais deixá-lo de lado. Ele é um perigoso gládio, que obstrui e fere seu mestre se estiver em mão fraca e que não sabe usá-lo; *ut fuerit melius non didicisse.*[3] Talvez seja essa a razão por que nem nós nem a teologia exijamos muita ciência às mulheres; e que Francisco, duque da Bretanha, filho de João V, quando lhe falaram de seu casamento com Isabel, filha da Escócia, e lhe acrescentaram que ela fora educada de maneira simples e sem nenhuma instrução nas letras, respondeu que a preferia assim e que uma mulher era suficientemente sábia quando sabia diferenciar a camisa e o colete do marido. Assim, não é tão espantoso quanto se diz que nossos ancestrais não apreciassem muito as letras, e que ainda hoje elas sejam encontradas apenas por acaso nos

---

1. "O saber não é nada que o espírito não assista", Estobeu, *Sententiae, sermo* III. (N.E.)

2. "Estudamos não para viver mas para ir à escola", Sêneca, *Cartas a Lucílio*, CVI, 12. (N.E.)

3. "de forma que teria sido melhor nada ter aprendido", Cícero, *Tusculanes*, II, IV, 12. (N.E.)

principais conselhos de nossos reis; e se o objetivo de enriquecer, que é o único proposto hoje por meio da jurisprudência, da medicina, da pedagogia e ainda da teologia, não as mantivesse com crédito, vós sem dúvida as veríeis tão miseráveis quanto jamais foram. Que prejuízo haveria, se elas não nos ensinam nem a pensar bem, nem a fazer bem? *Postquam docti prodierunt, boni desunt*.[1] Qualquer outra ciência é prejudicial àquele que não tem a ciência da bondade. Mas a razão que eu buscava há pouco talvez também viesse disso, porque nosso estudo na França não tendo por assim dizer outro objetivo além do lucro, menos para aqueles que a natureza fez nascer para ofícios mais nobres do que lucrativos, ou então que se dedicam às letras por pouco tempo (retirando-se antes de terem tomado gosto para uma profissão que nada tem em comum com os livros), em geral restam, para se engajar totalmente no estudo, apenas as pessoas de baixa condição, que nele buscam meios para sobreviver. E as almas dessas pessoas sendo, por natureza e por educação e exemplo doméstico, do mais baixo quilate, expressam falsamente o fruto da ciência. Pois esta não existe para dar luz à alma que não a tem nem para fazer um cego enxergar. Seu ofício não é fornecer-lhe a visão, mas instruí-la, regular seus passos, desde que ela tenha por si os pés e as pernas retos e capazes. A ciência é uma boa droga, mas nenhuma droga é forte o suficiente para se preservar, sem alteração e corrupção, do vício do vaso que a contém. Um tem a visão clara, mas não a tem reta; e consequentemente vê o bem, mas não o segue; e vê a ciência, mas dela não faz uso. A principal disposição de Platão em sua *República* é dar aos cidadãos um encargo conforme sua natureza.

---

1. "Depois que os doutos surgiram, não há mais pessoas de bem", Sêneca, *Cartas a Lucílio*, XCV, 13. (N.E.)

Do pedantismo

A natureza pode tudo, e faz tudo. Os coxos são inaptos aos exercícios do corpo, e as almas claudicantes, aos exercícios do espírito. As bastardas e vulgares são indignas da filosofia. Quando vemos um homem mal calçado dizemos que não espanta se ele for sapateiro. Da mesma forma, a experiência parece com frequência nos apresentar um médico mais mal medicado, um teólogo menos retificado e costumeiramente um sábio menos capaz do que um homem qualquer. Outrora, Aríston de Quios tinha razão ao dizer que os filósofos prejudicavam seus ouvintes, visto que a maioria das almas não se encontra apta a tirar proveito de tal instrução, que, quando não faz bem, faz mal. Ἀσώτους *ex Aristippi, acerbos ex Zenonis schola exire*.[1] Nessa bela educação que Xenofonte atribui aos persas, descobrimos que eles ensinavam a virtude às crianças, como outras nações ensinam as letras. Platão diz que na sucessão real deles o filho mais velho era assim educado. Depois do nascimento, eram entregues não a mulheres, mas a eunucos de grande autoridade junto aos reis, por causa de sua virtude. Estes se encarregavam de tornar seu corpo belo e sadio, e após sete anos ensinavam-no a montar a cavalo e a caçar. Quando chegava ao décimo quarto ano, entregavam-no nas mãos de quatro: o mais sábio, o mais justo, o mais moderado e o mais valente da nação. O primeiro lhe ensinava a religião; o segundo, a sempre ser verdadeiro; o terceiro, a dominar as paixões; o quarto, a nada temer. É coisa digna de muito grande consideração que na excelente constituição política de Licurgo, na verdade prodigiosa por sua perfeição, tão ciosa, portanto, da educação das crianças como seu principal encargo, e no próprio refúgio

---

[1]. "Da escola de Aristipo sai-se devasso, da de Zenão, amargo", Aríston de Quios, segundo Cícero, *De natura deorum*, III, XXXI, 77. (N.E.)

das musas, se faça tão pouca menção à doutrina; como se essa generosa juventude, desdenhando todo outro jugo que não o da virtude, devesse ter recebido, em vez de nossos mestres de ciência, apenas mestres de valentia, sensatez e justiça. Exemplo que Platão seguiu em suas leis. A maneira de educar dos persas consistia em fazer-lhes perguntas sobre o julgamento dos homens e de suas ações; se eles condenassem e louvassem tal personagem ou tal feito, precisavam justificar sua afirmação, e por meio disso aguçavam seu entendimento e ao mesmo tempo aprendiam o direito. Em Xenofonte, Astíage pede a Ciro que preste contas de sua última lição. "Foi que em nossa escola", disse ele, "tendo um garoto alto um manto pequeno, deu-o a um de seus companheiros de menor tamanho, e tirou deste seu manto, que era maior. Nosso preceptor tendo-me feito juiz dessa divergência, julguei que se devia deixar as coisas como estavam, e que um e outro pareciam estar mais bem acomodados nesse ponto. Ao que ele me fez ver que havia feito mal, pois eu me detivera a considerar a conveniência, e era preciso primeiramente ter atendido à justiça, que exigia que ninguém fosse usurpado daquilo que lhe pertencia." E disse que fora açoitado por isso, assim como fomos, em nossas aldeias, por termos esquecido o primeiro aoristo de τύπτω[1]. Meu professor precisaria fazer um belo discurso *in genere demonstrativo*[2] antes de persuadir-me que sua escola valia tanto quanto aquela. Eles quiseram cortar caminho; e visto que é assim com as ciências, que mesmo quando as utilizamos diretamente só podem ensinar-nos a sensatez, a honestidade e a firmeza, eles

---

1. Verbo grego que significa, justamente, bater. Esquecer o aoristo desse verbo seria o equivalente a esquecer do paradigma da conjugação mais simples. (N.E.)
2. De gênero demonstrativo. (N.T.)

quiseram de imediato colocar suas crianças em contato com a realidade, e instruí-las não por ouvir dizer, mas por experimentar a ação, formando-as e moldando-as vivamente, não somente com preceitos e palavras, mas principalmente com exemplos e obras, a fim de que aquela não fosse uma ciência em sua alma, mas sua compleição e seu hábito, que não fosse uma aquisição, mas uma posse natural. A esse propósito, perguntaram a Agesilau o que ele achava que as crianças deviam aprender. "O que elas devem fazer sendo homens", respondeu ele. Não é de espantar que tal educação tenha produzido resultados tão admiráveis. Diz-se que iam às outras cidades da Grécia buscar retóricos, pintores e músicos; mas na Lacedemônia legisladores, magistrados e chefes de exército. Em Atenas aprendiam a falar bem, aqui, a agir bem; lá, a se desenredar de um argumento sofístico e a derrubar a impostura de palavras capciosamente entrelaçadas; aqui, a se desenredar dos encantos da volúpia e a derrubar com grande coragem as ameaças da fortuna e da morte. Aqueles se ocupavam das palavras, estes das coisas; lá havia um contínuo exercício da língua, aqui um contínuo exercício da alma. Por isso não é estranho que, quando Antípatro pediu-lhes cinquenta crianças como reféns, eles responderam, bem ao contrário do que faríamos, que prefeririam entregar duas vezes mais homens feitos, tanto se preocupavam com a perda da educação de seu país. Quando Agesilau convida Xenofonte a enviar seus filhos para serem educados em Esparta, não é para ali aprenderem a retórica ou a dialética, mas para aprenderem (dizia ele) a mais bela ciência que existe, a saber, a ciência de obedecer e de comandar. É muito divertido ver Sócrates, à sua moda, zombando de Hípias, que lhe conta como ganhou, especialmente em certas pequenas aldeias da Sicília, uma boa soma em dinheiro ensinando crianças; e que em Esparta não ganhara uma moeda. Porque são pessoas idiotas, que não sabem nem medir nem contar, que não dão importância nem à gramática nem ao ritmo, divertindo-se somente em saber a sequência dos reis, a fundação e decadência dos estados, e semelhantes barafundas de histórias. Ao cabo disso, Sócrates lhe fazendo reconhecer em detalhe a excelência de sua forma de governo público, a ventura e a virtude de sua vida privada, deixa-o adivinhar como conclusão a inutilidade de sua arte. Os exemplos nos ensinam, nessa organização militar e em todas similares, que o estudo das ciências amolece e afemina os ânimos, mais do que os firma e endurece. O mais forte Estado que se vê de momento no mundo é o dos turcos, povos igualmente educados na valorização das armas e no menosprezo das letras. Considero Roma mais valente do que sábia. As nações mais belicosas de nossos dias são as mais grosseiras e ignorantes. Os citas, os partos e Tamerlão são prova disso. Quando os godos devastaram a Grécia, quem salvou todas as bibliotecas de serem incendiadas foi um deles, que semeou a ideia de que era preciso deixar todos aqueles bens móveis aos inimigos, próprios para desviá-los do exercício militar e distraí-los em ocupações sedentárias e ociosas. Quando nosso rei, Carlos VIII, quase sem tirar a espada da bainha se viu senhor do reino de Nápoles e de boa parte da Toscana, os senhores de seu séquito atribuíram essa inesperada facilidade de conquista ao fato de que os príncipes e a nobreza da Itália se ocupavam mais em se tornarem engenhosos e sábios do que vigorosos e guerreiros.

Capítulo XXV
Da educação das crianças
à senhora Diane de Foix, condessa de Gurson

Nunca vi um pai que, por corcunda ou sarnento que fosse o filho, deixasse de reconhecê-lo como seu; não que, no entanto, não perceba seu defeito, se não está de todo inebriado por essa afeição; mas, seja como for, é o seu. Da mesma forma, vejo melhor que qualquer outro que aqui estão apenas devaneios de homem que das ciências provou apenas a primeira casca na infância, e delas reteve apenas uma imagem geral e informe; um pouco de cada coisa, e nada completamente, à francesa. Pois, em suma, sei que há uma medicina, uma jurisprudência, quatro partes na matemática, e, grosseiramente, a que elas visam. E porventura conheço ainda a pretensão das ciências em geral para o serviço de nossa vida; mas ter adentrado mais fundo, ter roído as unhas ao estudo de Aristóteles, monarca da doutrina moderna, ou me obstinado em alguma ciência, isso nunca fiz; tampouco há arte de que eu pudesse pintar sequer os primeiros lineamentos. E não há criança das séries médias que não se possa dizer mais sábia do que eu, que não tenho sequer como interrogá-la sobre sua primeira lição. E se a isso me forçam sou obrigado, muito ineptamente, a extrair-lhe algum conteúdo de tema universal, pelo qual examino seu discernimento natural; lição que lhe é tão desconhecida quanto para mim a sua. Não estabeleci ligação com nenhum livro sólido, a não ser Plutarco e Sêneca, em que bebo como as Danaides, continuamente me enchendo e esvaziando. Coloco alguma coisa deles neste papel; em mim, quase nada.

A história é meu alimento em matéria de livros, ou a poesia, que amo com especial inclinação; pois, como dizia Cleanto, assim como o som comprimido no estreito duto de uma trombeta sai mais agudo e mais forte, me parece que a frase comprimida pela métrica cadenciada da poesia se revela bem mais abruptamente, e me atinge com mais vivo abalo. Quanto às faculdades naturais que estão em mim, aqui postas à prova, sinto-as vergar sob a carga; minhas concepções e meu julgamento só avançam às cegas, vacilando, tropeçando e cambaleando; e quando fui o mais longe que pude, não fiquei, porém, nem um pouco satisfeito. Ainda avisto terras ao longe, mas numa visão turva e enevoada, que não consigo discernir. E empreendendo falar indiferentemente de tudo o que se apresenta à minha imaginação, e nisso empregando apenas meus meios próprios e naturais, se me acontece, como muitas vezes, de encontrar por acaso nos bons autores esses mesmos temas que me dispus a tratar, como agora mesmo acabo de ver em Plutarco seu discurso sobre a força da imaginação, ao reconhecer-me tão fraco e irrisório, tão pesado e tão indolente, sinto pena ou desdém de mim mesmo. Assim, fico satisfeito que minhas opiniões tenham a honra de coincidir muitas vezes com as deles, e que eu ao menos as siga, mesmo de longe, aprovando-as. Também tenho isso que nem todos têm, que é conhecer a extrema diferença entre mim e eles; e deixo, no entanto, correr minhas ideias fracas e inferiores tal como as produzi, sem rebocá-las nem remendar os defeitos que essa comparação me fez descobrir. É preciso ter o lombo bem firme para tentar caminhar lado a lado com essas pessoas. Os escritores insensatos de nosso século, que entre suas obras nulas vão semeando passagens inteiras dos autores antigos, para se engrandecerem, fazem o contrário. Pois essa infinita diferença de brilho dá um aspecto tão pálido, tão apagado e tão feio ao que é deles, que com isso perdem muito mais do que ganham. Havia duas concepções opostas. O filósofo Crisipo misturava a seus livros não apenas passagens como obras inteiras de outros autores, e, em um, a *Medeia* de Eurípides; dizia Apolodoro que, se suprimissem o que nele havia de alheio, seu papel ficaria em branco. Epicuro, ao contrário, nos trezentos volumes que deixou, não fez uso de uma única citação. Aconteceu-me, outro dia, cair numa passagem dessas; eu me arrastara languidamente atrás de palavras francesas tão exangues, tão descarnadas e tão vazias de matéria e sentido que de fato não passavam de palavras francesas; ao fim de um longo e tedioso caminho, vim a encontrar um trecho superior, rico e elevado até as nuvens. Se eu tivesse achado a inclinação suave, e a subida um pouco longa, teria sido desculpável; mas era um precipício tão reto e tão escarpado que nas seis primeiras palavras entendi que me alçava para um outro mundo; de lá descobri o lamaçal de onde eu vinha, tão baixo e tão profundo, que nunca mais tive coragem de ali descer. Se eu enfeitasse um de meus discursos com esses ricos despojos, ele iluminaria demais a tolice dos outros. Repreender em outro meus próprios erros tampouco me parece incompatível com repreender, como faço muitas vezes, os dos outros em mim. É preciso condená-los em toda parte, e tirar-lhes toda ocasião de ficar impunes. Assim, sei o quão audaciosamente eu mesmo tento, a cada vez, igualar-me a meus furtos, ir par a par com eles; não sem uma temerária esperança de que eu possa impedir os olhos dos juízes de discerni-los. Mas isso mais pela maneira como os utilizo do que por minha capacidade ou minha força. E depois, não enfrento abertamente e no corpo a corpo esses velhos campeões; é por repetições, ataques miúdos e leves. Não me choco com eles, apenas os experimento; e nunca vou tão longe quanto me disponho a ir. Se pudesse a eles me igualar, eu seria um homem valoroso, pois só os enfrento onde eles são os mais fortes. Fazer o que revelei em alguns, que se cobrem com as armas de outro até não mostrar nem mesmo a ponta dos dedos, conduzindo seu propósito (como é fácil para os sábios em assunto corrente) à sombra dos temas dos antigos, remendados aqui e ali, e querendo escondê-los e fazê-los seus, é primeiramente injustiça e covardia, pois nada tendo de seu com que se fazer conhecidos, eles procuram se apresentar através de um valor puramente alheio; e depois, grande tolice, se contentam, por trapaça, em adquirir a ignorante aprovação do vulgo, desacreditando-se junto às pessoas cultas, cujo elogio é o único que tem peso e que torcem o nariz para essa incrustação emprestada. De minha parte, não há nada que eu queira fazer menos. Falo dos outros somente para melhor falar de mim. Isso não concerne aos centões, que são publicados aos centões[1]; e de que vi alguns muito engenhosos, em meu tempo, entre outros um sob o nome de Capilupo, além dos antigos. São espíritos que se fazem notar por outras maneiras e por essa, como Lipsius na douta e elaborada tessitura de suas *Políticas*. Seja como for, quero dizer, e quaisquer que sejam minhas inépcias, não deliberei escondê-las, não mais do que um retrato meu calvo e grisalho em que o pintor tivesse posto não um rosto perfeito mas o meu. Pois aqui também estão meus humores e opiniões; expresso-os por aquilo que acredito, não por aquilo que se deve acreditar. Procuro aqui apenas revelar a mim mesmo, que porventura serei

---

1. O centão é um escrito composto de versos de outros autores. (N.T.)

outro amanhã, se um novo aprendizado me mudar. Não tenho nenhuma autoridade para ser acreditado, nem o desejo, sentindo-me muito mal instruído para instruir os outros. Alguém, portanto, tendo visto o ensaio precedente, dizia-me em minha casa, outro dia, que eu deveria ter me estendido um pouco sobre o discurso da educação das crianças. Ora, minha senhora, se eu tivesse alguma competência nesse assunto, não poderia melhor empregá-la do que fazendo dela um presente a esse homenzinho que ameaça logo fazer uma bela irrupção de dentro de vós (sois nobre demais para começar de outra maneira que não por um varão). Pois tendo tido tanta participação na condução de vosso casamento, tenho algum direito e interesse na grandeza e na prosperidade de tudo o que dele vier; além do que, a antiga posse que tendes de meu serviço me obriga suficientemente a desejar honra, bem e privilégio a tudo que vos toca. Mas, na verdade, disso só entendo que a maior e mais importante dificuldade da ciência humana parece estar nesse ponto em que se trata da criação e da educação das crianças. Assim como na agricultura, as técnicas que precedem o plantio são precisas e fáceis, como o próprio plantio. Mas depois que o que está plantado chega a tomar vida, para criá-lo há uma grande variedade de técnicas e dificuldades. Também com os homens há pouca arte para plantá-los, mas depois que nasceram nos encarregamos deles com cuidados variados, cheios de preocupação e temor, para ensiná-los e criá-los. A manifestação de suas inclinações é tão branda nessa tenra idade, e tão obscura, as promessas tão incertas e falsas, que é difícil estabelecer algum julgamento sólido. Vede Címon, vede Temístocles e mil outros, como se revelaram diferentes do que prometiam. Os filhotes dos ursos e dos cachorros manifestam sua inclinação natural; mas os homens, abraçando-se incontinente a costumes, opiniões, leis, mudam e se dissimulam facilmente. Assim, é difícil forçar as propensões naturais. Disso decorre que, por falta de ter escolhido bem seu caminho, muitas vezes se trabalha para nada, e se emprega bastante tempo instruindo as crianças em coisas nas quais não podem tomar pé. Todavia, nessa dificuldade minha opinião é que sejam encaminhadas sempre para as coisas melhores e mais proveitosas, e que se deve dar pouca atenção a esses prognósticos e adivinhações levianas que tiramos dos comportamentos da infância. Platão, em sua *República*, parece-me dar-lhes importância demais. Minha senhora, a ciência é um grande ornamento e uma ferramenta de maravilhosa utilidade, especialmente para as pessoas criadas em tal grau de fortuna como vós. Na verdade, ela não encontra verdadeiro uso em mãos vis e baixas. Ela se orgulha muito mais em oferecer seus recursos para conduzir uma guerra, para comandar um povo, para obter a amizade de um príncipe, ou de uma nação estrangeira, do que para estabelecer um argumento dialético, ou para defender uma apelação ou prescrever uma quantidade de pílulas. Assim, minha senhora, porque creio que não esquecereis essa parte na educação dos vossos, vós que saboreastes sua doçura e que sois de uma família letrada (pois ainda temos os escritos dos antigos condes de Foix, de quem o senhor conde vosso marido e vós descendeis; e Francisco, senhor de Candale, vosso tio, faz surgirem outros todos os dias, que estenderão o conhecimento dessa qualidade de vossa família por vários séculos), quero dizer-vos sobre isso uma única concepção que tenho, contrária ao uso comum; é tudo que posso oferecer a vosso serviço em relação a isso. O encargo do preceptor que dareis a vosso filho, de cuja escolha depende todo o resultado de sua educação, tem várias outras grandes partes, mas delas não trato por nada saber trazer-lhes que valha; e o ponto sobre o qual me meto a dar-lhe uma opinião, acreditará em mim tanto quanto nela vir alguma razão. Para uma criança de família nobre, que procura as letras, não pelo ganho (pois um fim tão abjeto é indigno da graça e do favor das Musas, e além disso diz respeito a outros e deles depende), nem tanto pelas vantagens externas quanto pelas suas próprias, e para enriquecer-se e ornar-se por dentro, tendo vontade de tornar-se antes um homem hábil do que um homem sábio, eu gostaria também que se tivesse o cuidado de escolher-lhe um preceptor que tivesse antes a cabeça bem feita do que bem cheia; e que dele se exigissem as duas coisas, mas mais os costumes e o entendimento do que a ciência; e que em seu encargo ele se conduzisse de uma nova maneira. Não cessam de berrar em nossos ouvidos, como quem despejasse em um funil; e nossa tarefa é apenas repetir o que nos disseram. Gostaria que ele corrigisse essa prática; e que desde o início, segundo a capacidade da alma que tem em mãos, começasse a prepará-la, fazendo-a experimentar, escolher e discernir as coisas por ela mesma. Às vezes abrindo-lhe o caminho, às vezes deixando-a abrir. Não quero que invente e fale sozinho; quero que escute o discípulo falar por sua vez. Sócrates e depois Arcesilau primeiro faziam os discípulos falarem e depois falavam com eles. *Obest plerumque iis, qui discere volunt, auctoritas eorum, qui docent.*[1] É bom que ele o faça trotar à frente, para julgar seu andar, e julgar até que ponto deve se colocar em seu nível para

---

1. "A autoridade daqueles que querem ensinar na maioria das vezes prejudica aqueles que querem aprender", Cícero, *De natura deorum*, I, V, 10. (N.E.)

adaptar-se à sua força. Sem esse equilíbrio, estragamos tudo. E saber escolhê-lo, e conduzir-se comedidamente, é uma das mais árduas tarefas que conheço; e é realização de uma alma elevada e muito forte saber condescender com seus passos pueris e guiá-los. Caminho com mais firmeza e segurança subindo do que descendo. Aqueles que, como quer nosso costume, com uma mesma lição e igual modo de agir tencionam ensinar vários espíritos de capacidades e formas tão diversas, não é de espantar que em toda uma população de crianças eles encontrem apenas duas ou três que tiram algum justo fruto de seu ensino. Que ele não lhe peça contas somente das palavras de sua lição, mas do sentido e da substância. E que julgue o proveito que ele terá tirado não pelo testemunho de sua memória, mas pelo de sua vida. Que o faça empregar de cem maneiras diferentes e acomodar a outros tantos diversos assuntos o que acabou de aprender, para ver se entendeu bem e o fez seu, informando-se de seu progresso pelos princípios pedagógicos de Platão. É prova de crueza e indigestão regurgitar os alimentos como os engolimos; o estômago não fez seu trabalho se não conseguiu mudar o estado e a forma daquilo que lhe foi dado digerir. Nossa alma só se move sob influência de outra, ligada e submetida ao apetite das fantasias alheias, serva e cativa da autoridade das lições destas. Tanto nos mantiveram amarrados que já não temos livres os passos; nosso vigor e nossa liberdade foram extintos. *Nunquam tutelae suae fiunt.*[1] Vi privadamente em Pisa um homem honrado, mas tão aristotélico que o mais geral de seus dogmas é que a pedra de toque e a regra de todos os pensamentos sólidos, e de toda a verdade, é a conformidade à doutrina de

---

1. "Nunca eles se tornam seus próprios tutores", Sêneca, *Cartas a Lucílio*, XXXIII, 10. (N.E.)

Aristóteles, que fora disso há apenas quimeras e inanidade, que tudo viu e tudo disse. Essa sua formulação, por ter sido interpretada um pouco ampla e iniquamente demais, outrora o manteve por muito tempo em grande perigo na inquisição de Roma. Que o preceptor o faça passar tudo por seu crivo, e nada alojar em sua cabeça por simples autoridade e por influência de outros. Que os princípios de Aristóteles não lhe sejam princípios, não mais do que os dos estoicos ou dos epicuristas. Que lhe proponham essa diversidade de julgamentos, ele escolherá se puder; se não, permanecerá em dúvida.

Chè non men che saper dubbiar m'aggrada.[1]

Pois se abraçar as opiniões de Xenofonte e de Platão por seu próprio raciocínio, não serão mais as deles, serão as suas. Quem segue outro não segue nada. Não encontra nada; talvez, não procure nada. *Non sumus sub rege, sibi quisque se vindicet.*[2] Que ele saiba que sabe, ao menos. É preciso que se impregne de humores, não que aprenda preceitos; e que esqueça categoricamente, se quiser, de onde os tira, mas que saiba apropriar-se deles. A verdade e a razão são comuns a todos, e não pertencem mais a quem as disse primeiro do que a quem as disse depois. Uma coisa não é mais segundo Platão do que segundo eu mesmo; pois ele e eu entendemos e vemos da mesma maneira. As abelhas recolhem das flores aqui e ali, mas depois fazem o mel, que é todo delas; não é mais tomilho nem manjerona. Assim também com os elementos emprestados de outros, ele os transformará e fundirá para fazer uma obra toda sua; a saber, seu julgamento;

---

1. "E, não menos que saber, duvidar me agrada", Dante, *Inferno*, XI, 93. (N.E.)

2. "Não estamos sob um rei, que cada um disponha livremente de si mesmo", Sêneca, *Cartas a Lucílio*, XXXIII, 4. (N.E.)

sua educação, seu trabalho e seu estudo só visam a formá-lo. Que ele esconda todas as coisas a que recorreu, e que só revele o que com elas fez. Os que pilham, os que tomam emprestado, fazem alarde das próprias construções, das próprias aquisições, não daquilo que tiram de outros. Não vedes as propinas dadas a um homem do Parlamento; vedes as alianças que formou, e as honrarias a seus filhos. Ninguém faz contas públicas de sua receita; todos fazem-nas de suas aquisições. O ganho de nosso estudo é termo-nos tornado melhores e mais sábios. É (dizia Epicarmo) o entendimento que vê e escuta; é o entendimento que aproveita tudo, que ordena tudo, que age, que domina e que reina; todas as outras coisas são cegas, surdas e sem alma. Por certo o tornamos servil e covarde, por não lhe darmos a liberdade de fazer nada por si. Quem alguma vez perguntou a seu discípulo o que lhe parece a retórica e a gramática, esta ou aquela sentença de Cícero? Elas são cravadas em nossa memória todas emplumadas, como oráculos em que as letras e as sílabas tivessem a substância da coisa. Saber de cor não é saber, é preservar o que foi entregue à guarda de sua memória. Aquilo que sabemos corretamente temos à disposição, sem olhar para o modelo, sem voltar os olhos para o livro. Incômoda competência, a competência puramente livresca! Espero que ela sirva de ornamento, não de fundamento, seguindo a opinião de Platão, que diz que a firmeza, a lealdade e a sinceridade são a verdadeira filosofia; as outras ciências, que visam outras coisas, não passam de artifício. Eu gostaria que Paluel ou Pompeu, esses belos dançarinos de meu tempo, ensinassem piruetas somente mostrando-as a nós, sem tirar-nos de nossos lugares, como aqueles que querem instruir nosso entendimento sem colocá-lo em movimento; ou que nos ensinassem a manejar um cavalo, ou uma lança, ou um alaúde, ou a voz, sem nos exercitarmos; como aqueles que querem nos ensinar a bem julgar, bem falar, sem nos exercitarem a falar ou a julgar. Ora, para essa aprendizagem tudo o que se apresenta a nossos olhos serve de livro; a malícia de um pajem, a tolice de um criado, uma conversa à mesa, são todas matérias novas. Para isso a frequentação dos homens é maravilhosamente adequada, e também a visita aos países estrangeiros; não para apenas relatar, à moda de nossa nobreza francesa, quantos passos tem a *Santa Rotonda*, ou a riqueza dos calções da *Signora Livia*, ou, como outros, como o rosto de Nero, em alguma ruína de lá, é mais longo ou mais largo do que em alguma medalha equivalente. Mas para relatar principalmente os humores dessas nações e suas maneiras, e para esfregar e polir nosso cérebro com o de outros. Eu gostaria que se começasse a passear com ele desde sua tenra infância; primeiramente, para matar dois coelhos de uma cajadada, pelas nações vizinhas, onde o idioma é mais afastado do nosso, e para o qual a língua pode não obedecer se não a formardes de boa hora. Também é opinião aceita por todos que não é bom criar uma criança no regaço dos pais. Esse amor natural os enternece demais, e afrouxa até mesmo os mais sensatos; eles não são capazes nem de castigar seus erros nem de vê-lo criado duramente, como deve ser, e correndo riscos. Não conseguiriam suportar que voltasse suando e empoeirado do exercício, que bebesse algo quente, bebesse algo frio, nem vê-lo sobre um cavalo recalcitrante, nem contra um notável atirador de florete em punho ou com o primeiro arcabuz. Pois não há remédio, quem quer dele fazer um homem de bem sem dúvida não deve poupá-lo durante a juventude, e muitas vezes deve ir contra as regras da medicina:

vitámque sub dio et trepidis agat
in rebus.[1]

Não basta fortalecer sua alma, também é preciso fortalecer-lhe os músculos. A alma é pressionada demais se não for assistida; e tem demasiado a fazer para cumprir, sozinha, duas tarefas. Sei o quanto a minha padece na companhia de um corpo tão macio, tão sensível, que tanto se deixa cair sobre ela. E percebo muitas vezes em minhas leituras que em seus escritos meus mestres celebram como magnanimidade e força de coragem exemplos que naturalmente devem mais à espessura da pele e à dureza dos ossos. Vi homens, mulheres e crianças assim nascidos, para quem uma bastonada é menos do que um piparote para mim, e que não mexem a língua nem o cenho sob os golpes que recebem. Quando os atletas igualam os filósofos em constância, é antes por vigor de músculos que de alma. Ora, habituar-se a suportar o esforço é habituar-se a suportar a dor; *labor callum obducit dolori*.[2] É preciso acostumá-lo ao sofrimento e à dureza dos exercícios, para prepará-lo ao sofrimento e à dureza da luxação, da cólica, do cautério, e também do cárcere, e da tortura. Pois ele pode ser exposto a estes últimos, que nestes tempos atingem os bons como os maus. Estamos comprovando isso. Quem combate as leis ameaça as pessoas de bem com o chicote e a forca. E ademais, a autoridade do preceptor, que deve ser soberana sobre ele, é interrompida e impedida pela presença dos pais. Acresce que esse respeito que a família tem por ele, o conhecimento das riquezas e grandezas de sua casa não são, em minha opinião, inconvenientes pequenos

---

1. "que ele passe sua vida ao ar livre e na ação", Horácio, *Odes*, III, II, 5-6. (N.E.)
2. "o trabalho caleja contra a dor", Cícero, *Tusculanes*, II, XV, 36. (N.E.)

nessa idade. Nesse aprendizado do comércio entre os homens muitas vezes observei o vício de que, em vez de tomar conhecimento do outro, trabalhamos apenas para dá-lo de nós mesmos, e nos preocupamos mais em fazer uso de nossa mercadoria do que em adquirir uma nova. O silêncio e a modéstia são qualidades muito próprias à conversação. Essa criança será ensinada a poupar e moderar seu saber quando o tiver adquirido, a não se ofender com as tolices e fábulas que serão ditas em sua presença, pois é incivil impropriedade opor-se a tudo que não é de nosso gosto. Que se contente em corrigir a si mesmo. E não aparente criticar em outro tudo o que se recusa a fazer, nem se oponha aos costumes públicos. *Licet sapere sine pompa, sine invidia.*[1] Que fuja dessas manifestações impositivas e incivis; e dessa ambição pueril de querer parecer mais fino, por ser diferente; e, como se críticas e novidades fossem mercadorias difíceis, de querer com elas criar um nome de valor singular. Assim como só aos grandes poetas convém fazer uso das licenças da arte, também só às grandes e ilustres almas tolera-se ter privilégios acima dos costumes. *Siquid Socrates et Aristippus contra morem et consuetudinem fecerunt, idem sibi ne arbitretur licere: Magnis enim illi et diuinis bonis hanc licentiam assequebantur.*[2] Ensiná-lo-ão a só discutir e contestar quando vir um campeão digno de sua luta; e, mesmo então, a não empregar todos os truques que lhe possam servir, mas somente aqueles que lhe possam servir mais. Que o tornem delicado na escolha e triagem de seus argumentos, e apreciador da

---

1. "Pode-se ser sábio sem pompa e sem arrogância", Sêneca, *Cartas a Lucílio*, CIII, 5. (N.E.)

2. "Se Sócrates e Aristipo agiram contra os costumes e o uso, que ele não creia que a mesma coisa lhe seja permitida: essa licença lhes era permitida em razão de suas grandes qualidades, de certa forma divinas", Cícero, *De officiis*, I, XLI, 148. (N.E.)

pertinência e, consequentemente, da brevidade. Que o instruam sobretudo a render-se e a depor as armas à verdade, tão logo a perceber; quer ela venha das mãos de seu adversário, quer venha de si mesmo por alguma reconsideração. Pois não receberá uma cátedra para pronunciar um texto prescrito, e só está comprometido com alguma causa porque a aprova. Tampouco terá o ofício em que é vendida, por moeda sonante, a liberdade de poder se arrepender e reconhecer. *Neque, ut omnia, quae praescripta et imperata sint, defendat, necessitate, ulla cogitur.*[1] Se seu preceptor tiver o meu temperamento, formará sua vontade para ser um servidor muito leal de seu príncipe, e muito dedicado e muito corajoso; mas lhe esfriará a vontade de prender-se a ele que não por um dever público. Além de vários outros inconvenientes, que ferem nossa liberdade com essas obrigações particulares, o julgamento de um homem remunerado e comprado é menos inteiro e menos livre, ou é tachado de imprudência e ingratidão. Um verdadeiro cortesão só pode ter o direito e a vontade de falar e pensar favoravelmente de seu senhor, que entre tantos milhares de outros súditos escolheu-o para sustentá-lo e enobrecê-lo por sua mão. Esse favor e essa vantagem corrompem sua liberdade, não sem alguma razão, e o deslumbram. Por isso vê-se costumeiramente que a linguagem dessas pessoas é diferente de qualquer outra linguagem de um Estado, e pouco fidedigna em tal matéria. Que sua consciência e sua virtude reluzam em sua fala, e que tenham apenas a razão por guia. Que o façam entender que confessar o erro descoberto em seu próprio raciocínio, ainda que só percebido por ele, é consequência de um julgamento e de

---

[1] "E ele não é forçado por nenhuma necessidade a defender tudo o que foi prescrito e ordenado", Cícero, *Primeiras acadêmicas*, II, III, 8. (N.E.)

uma sinceridade que são as principais qualidades que ele procura. Que a obstinação e a contestação são qualidades vulgares, mais aparentes nas almas mais baixas. Que reconsiderar e corrigir-se, abandonar uma decisão errada em pleno ardor, são qualidades raras, fortes e filosóficas. Que o advirtam que, estando em sociedade, tenha os olhos por toda parte; pois vejo que os primeiros assentos são comumente ocupados pelos homens menos capazes, e que as grandezas de fortuna têm pouca participação na competência. Vi, enquanto se conversava na cabeceira de uma mesa sobre a beleza de uma tapeçaria, ou sobre o sabor da malvasia, perderem-se várias belas palavras na outra ponta. Ele sondará o alcance de cada um: um vaqueiro, um pedreiro, um passante; é preciso tudo aproveitar, e tomar emprestado de cada um segundo sua mercadoria, pois numa casa tudo serve; mesmo a tolice e a fraqueza dos outros o instruirão. Ao examinar as disposições e maneiras de cada um, ele fará nascer em si a vontade pelas boas e o menosprezo pelas más. Que inculquem em seu espírito uma honesta curiosidade de informar-se sobre todas as coisas; tudo o que houver de singular a seu redor ele perceberá: uma construção, uma fonte, um homem, o lugar de uma batalha antiga, a passagem de César ou de Carlos Magno.

Quae tellus sit lenta gelu, quae putris ab aestu,
Ventu in Italiam quis bene vela ferat.[1]

Ele se informará sobre os costumes, os meios e as alianças desse e daquele príncipe. São coisas muito agradáveis de aprender e muito úteis de saber. Nessa frequentação dos

---

1. "Que terra é entorpecida pelo gelo, qual é corrompida pelo calor, que vento sopra favoravelmente as velas para a Itália", Propércio, IV, III, 39-40. (N.E.)

homens entendo incluir, e principalmente, aqueles que vivem apenas na memória dos livros. Ele frequentará, por meio das histórias, essas grandes almas dos melhores séculos. É um estudo vão, se quisermos, mas se quisermos também é um estudo de fruto inestimável; e o único estudo, como diz Platão, que os lacedemônios teriam reservado para si. Que proveito não terá, nisso, com a leitura das *Vidas* de nosso Plutarco? Mas que meu guia se lembre do que seu encargo tem em vista; e que não imprima tanto a seu discípulo a data da ruína de Cartago quanto os costumes de Aníbal e de Cipião; nem tanto onde morreu Marcelo quanto por que foi indigno de seu dever e morreu naquele lugar. Que não lhe ensine tanto as histórias quanto a julgá-las. Essa é, a meu ver, entre todas, a matéria a que nossos espíritos se aplicam de maneira mais diversa. Li em Tito Lívio cem coisas que outro não leu. Plutarco leu cem outras além das que eu soube ler, e porventura além das que o autor ali colocou. Para uns, é um puro estudo gramatical; para outros, análise da filosofia, pela qual as mais abstrusas partes de nossa natureza são penetradas. Há, em Plutarco, muitos discursos extensos muito dignos de ser conhecidos, pois a meu ver ele é o mestre artesão em tal tarefa; apenas aponta com o dedo por onde iremos, se nos aprouver, e às vezes se contenta em sugerir não mais que um indício no ponto mais importante de um assunto. É preciso arrancá-los de lá e colocá-los em evidência. Como essa sua afirmação de que os habitantes da Ásia eram escravos de um único senhor por não saberem pronunciar uma única sílaba, "não", o que talvez tenha fornecido a La Boétie a matéria e a ocasião para sua *Servidão voluntária*. O fato mesmo de vê-lo examinar uma pequena ação na vida de um homem, ou uma palavra, é um aprendizado. É pena que as pessoas cultivadas amem tanto a brevidade; sem dúvida é melhor para suas reputações, mas para nós é pior. Plutarco prefere que o elogiemos antes por seu julgamento do que por seu saber; prefere deixar-nos antes desejosos do que saciados. Ele sabia que mesmo sobre as coisas boas pode-se falar demais, e que Alexandridas criticou corretamente aquele que dizia aos éforos belas palavras, mas longas demais: "Ó estrangeiro, dizes o que se deve diferentemente de como se deve". Os que têm o corpo franzino engrossam-no com enchimentos; os que têm a matéria pobre, enchem-na com palavras. Da frequentação do mundo tira-se uma maravilhosa clareza para o julgamento humano. Todos estamos fechados e encolhidos em nós mesmos, e temos a visão resumida ao comprimento de nosso nariz. Perguntaram a Sócrates de onde era; ele não respondeu "de Atenas", mas "do mundo". Ele, que tinha a imaginação mais plena e extensa, abraçava o universo como sua cidade, lançava seus conhecimentos, sua sociedade e seus afetos a todo o gênero humano; não como nós, que só olhamos para baixo. Quando as vinhas congelam em minha aldeia, meu padre argumenta a ira de Deus sobre a raça humana e julga que a sede já se apossou dos canibais. Ao ver nossas guerras civis, quem não se queixa de que a máquina terrestre se subverte e que o dia do julgamento nos agarra pela gola, sem perceber que muitas coisas piores têm sido vistas e que, enquanto isso, dez mil partes do mundo continuam a passar por bons tempos? Eu, diante da liberdade e da impunidade dessas guerras civis, admiro-me de vê-las tão suaves e fracas. Para aquele em cuja cabeça cai o granizo, todo o hemisfério parece estar sob tempestade e tormenta. E, como dizia o saboiano, se esse tolo rei da França tivesse sabido conduzir bem sua fortuna, seria homem para se tornar mordomo de seu duque. Sua imaginação não concebia grandeza mais elevada do que a de seu próprio senhor. Todos caímos, insensivelmente, nesse erro; erro de grande consequência e prejuízo. Mas quem se vê representado, como num quadro, nessa grande imagem de nossa mãe natureza em sua total majestade; quem lê em seu semblante uma tão geral e constante variedade; quem percebe, ali dentro, não a si mesmo mas todo um reino, como um traço feito por ponta muito delicada, só este avalia as coisas em sua justa grandeza. Esse grande mundo, que uns ainda multiplicam, como espécies de um mesmo gênero, é o espelho em que nos devemos olhar para nos conhecermos de bom ângulo. Em suma, quero que este seja o livro de meu aluno. Tantos humores, doutrinas, julgamentos, opiniões, leis e costumes nos ensinam a julgar saudavelmente os nossos, e ensinam nosso julgamento a reconhecer sua imperfeição e sua fraqueza natural, o que não é um aprendizado leve. Tantas perturbações de Estado e mudanças na fortuna pública nos ensinam a não nos espantarmos com a nossa. Tantos nomes, tantas vitórias e conquistas sepultadas pelo esquecimento tornam ridícula a esperança de eternizar nosso nome pela captura de dez arqueiros e de um pardieiro, que só é conhecido ao cair. O orgulho e a vaidade de tantas pompas estrangeiras, a majestade tão enfatuada de tantas cortes e grandezas, fortalecem e protegem nossa vista para suportar, sem piscar os olhos, o brilho das nossas. Tantos milhões de homens enterrados antes de nós encorajam-nos a não temer ir ao encontro de tão boa companhia no outro mundo; e assim com tudo. Nossa vida, dizia Pitágoras, assemelha-se à grande e populosa assembleia dos jogos olímpicos. Uns exercitam o corpo para obter a glória nos jogos; outros levam mercadorias para vender, pelo ganho. Há aqueles (e não são os piores) que não buscam outro proveito que o de olhar como e por que cada coisa se faz, e o de ser espectadores da vida dos outros homens, para avaliar e regrar as deles. Aos exemplos é possível apropriadamente associar todos os mais proveitosos discursos da filosofia, pela qual e por cujas regras devem ser avaliadas as ações humanas. A ele dirão

> *quid faz optare, quid asper*
> *Utile nummus habet, patriae charisque propinquis*
> *Quantum elargiri deceat, quem te Deus esse*
> *Jussit, et humana qua parte locatus es in re,*
> *Quid sumus, aut quidnam victuri gignimur.*[1]

O que é saber e ignorar, qual deve ser o objetivo do estudo; o que é coragem, temperança e justiça; qual a diferença entre a ambição e a avareza, a servidão e a sujeição, a licença e a liberdade; por quais sinais se conhece o verdadeiro e sólido contentamento; até onde se deve temer a morte, a dor e a vergonha.

> *Et quo quemque modo fugiátque ferátque laborem.*[2]

Que forças nos movem, e a causa de tantos movimentos diversos em nós. Pois me parece que os primeiros raciocínios com que se deve alimentar seu entendimento devem ser os que regulam seus costumes e seu

---

1. "o que é permitido desejar, para que serve uma moeda nova, o que convém devotar à sua pátria e aos próximos queridos, o que Deus te ordenou ser e em que lugar foste colocado no mundo, o que nós somos ou para que vida fomos gerados", Pérsio, III, 69-72 e 67. (N.E.)

2. "E como evitar ou suportar cada provação", Virgílio, *Eneida*, III, 459. (N.E.)

julgamento, que lhe ensinarão a conhecer-se e a saber bem morrer e bem viver. Entre as artes liberais, comecemos pela arte que nos faz livres. De certa maneira todas servem, na verdade, para a formação de nossa vida e para sua conduta; como todas as outras coisas, de certa maneira, também servem. Mas escolhamos a que serve direta e expressamente. Se soubéssemos restringir os domínios de nossa vida a seus justos e naturais limites, veríamos que a melhor parte das ciências que estão em uso está fora de nosso uso. E mesmo nas que estão, há extensões e recantos muito inúteis, que faríamos melhor em deixar assim; e seguindo o ensinamento de Sócrates, deveríamos limitar no curso de nosso estudo aquelas em que falta utilidade:

> *sapere aude,*
> *Incipe: Vivendi qui rectè prorogat horam,*
> *Rusticus expectat dum defluat amnis, at ille*
> *Labitur, et labetur in omne volubilis aevum.*[1]

É uma grande tolice ensinar a nossos filhos,

> *Quid moveant pisces, animosáque signa leonis,*
> *Lotus et Hesperia quid capricornus aqua.*[2]

a ciência dos astros e o movimento da oitava esfera, antes que os seus próprios.

---

1. "ousa ser sábio, começa: aquele que adia o momento de levar uma vida justa espera como um camponês que o rio cesse de correr, mas este corre e correrá o tempo todo", Horácio, *Epístolas*, I, II, 40-43. (N.E.)

2. "Qual a influência dos peixes, a do signo do leão furioso e a do capricórnio que se banha nas águas do Hespéria", Propércio, IV, I, 89. (N.E.)

τί Πλειάδεσσι κἀμοί
τί δ'ἀστράσι βοωτέω.[1]

Anaxímenes perguntou, escrevendo a Pitágoras: "Com que propósito posso perder meu tempo com os segredos das estrelas, tendo a morte ou a servidão sempre presente diante dos olhos?". Pois os reis da Pérsia, naquele momento, preparavam a guerra contra seu país. Cada um deve dizer assim: "Estando subjugado pela ambição, avareza, temeridade, superstição, e tendo em mim tantos outros inimigos da vida, irei pensar no movimento do mundo?". Depois que lhe tiverem ensinado de que serve fazê-lo mais sábio e melhor, que lhe digam o que é a lógica, a física, a geometria, a retórica; e a ciência que escolher, tendo já o julgamento formado, ele logo dominará. Sua lição se fará ora por discussão, ora por livros; ora seu preceptor lhe fornecerá trechos do autor próprios a esse fim de sua educação, ora lhe dará a medula e a substância mastigada. E se por si mesmo ele não for suficientemente familiarizado com os livros para encontrar tantos belos discursos que neles estão para alcançar seu propósito, será possível arranjar-lhe um homem de letras que a cada necessidade forneça os recursos que precisar, para que os distribua e dispense a seu discípulo. E que essa lição seja mais fácil e natural do que a de Gaza[2], quem pode duvidar? Nesta, há preceitos espinhosos e pouco agradáveis, e palavras vãs e descarnadas, em que não há preensão, nada que nos desperte o espírito; naquela, a alma encontra onde morder, onde se alimentar. Esse fruto é incomparavelmente maior, e é por isso que terá amadurecido mais cedo. É espantoso

---

1. "Que me importam as Plêiades, as estrelas do vaqueiro?", Anacreonte, *Odes*, IV [XVII], 10-11. (N.E.)
2. Gramático bizantino do século XV. (N.E.)

que as coisas tenham chegado, em nosso século, ao ponto de a filosofia ser até para as pessoas inteligentes um nome vão e fantástico, não ter nenhuma utilidade e nenhum valor, em opinião e em resultado. Creio que a causa disso são essas sutilezas que impediram o acesso a ela. É grande erro pintá-la como inacessível às crianças, e com um rosto carrancudo, sobranceiro e terrível; quem a mascarou com esse falso rosto pálido e hediondo? Não há nada mais alegre, mais animado, mais jovial, e por pouco não digo folgazão. Ela prega apenas festa e bons momentos. Um semblante triste e enregelado mostra que aquela não é sua morada. Demétrio, o gramático, encontrando no templo de Delfos um grupo de filósofos sentados, disse-lhes: "Ou me engano ou, vendo vosso comportamento tão tranquilo e tão alegre, não estais em grande discussão entre vós". Ao que um deles, Heráclio de Mégara, respondeu: "Os que investigam se o futuro do verbo βάλλω tem dois λ, ou que investigam a derivação dos comparativos χείρον e βέλτιον e dos superlativos χείριστον e βέλτιστον, é que precisam enrugar a fronte ao conversar sobre sua ciência; quanto aos discursos da filosofia, eles costumam alegrar e divertir os que os examinam, e não aborrecê-los e contristá-los".

> *Deprendas animi tormenta latentis in aegro*
> *Corpore, deprendas et gaudia, sumit utrumque*
> *Inde habitum facies.*[1]

A alma que aloja a filosofia deve por sua saúde tornar sadio também o corpo; deve manifestar, mesmo do lado de fora, sua quietude e seu contentamento; deve formar

---

1. Podes surpreender os tormentos da alma no fundo de um corpo doente, podes surpreender também as alegrias, e o rosto assume ora uma ou outra expressão", Juvenal, IX, 18-20. (N.E.)

com seu molde a aparência externa e armá-la, por conseguinte, de uma graciosa altivez, de um comportamento ativo e alegre, e de um ar calmo e ameno. A mais explícita marca da sabedoria é um constante deleitamento; seu estado é como o das coisas acima da Lua, sempre sereno. São *Baroco* e *Baralipton*[1] que tornam seus sequazes tão sujos e enfumaçados, não é a sabedoria, que só conhecem por ouvir dizer. De que maneira? Ela se propõe a serenar as tempestades da alma, e a ensinar a rir da fome e das febres; não por alguns epiciclos imaginários[2], mas por razões naturais e palpáveis. Ela tem por objetivo a virtude, que não está, como diz a escolástica, plantada no topo de um monte obstruído, escarpado e inacessível. Os que dela se aproximaram a têm, pelo contrário, alojada numa bela planície fértil e florescente, de onde vê bem abaixo de si todas as coisas; mas quem conhece o lugar pode lá chegar por caminhos sombreados, relvosos e suavemente floridos; agradavelmente, e por uma encosta fácil e lisa, como é a das abóbadas celestes. Por não terem frequentado essa virtude suprema, bela, triunfante, amorosa, igualmente deliciosa e corajosa, inimiga professa e irreconciliável do azedume, do desprazer, do temor e da coação, que tem por guia a natureza, e por companhias a ventura e a volúpia, eles se puseram, por sua fraqueza, a inventar essa tola imagem, triste, querelosa, despeitada, ameaçadora, carrancuda, e a colocá-la sobre um rochedo à parte, no meio dos espinheiros: fantasma a assustar as pessoas. Meu preceptor, que sabe que deve preencher a vontade de seu discípulo com tanto ou mais afeto quanto com reverência pela virtude, saberá

---

1. Termos da dialética que designam duas formas de silogismo. (N.T.)

2. Termo da antiga astronomia que designa as irregularidades aparentes dos movimentos dos astros. (N.T.)

dizer-lhe que os poetas seguem disposições comuns, e o fará ver claramente que os deuses puseram mais suor no acesso aos aposentos de Vênus do que aos de Palas. E quando ele começar a ter consciência disso, apresente-lhe Bradamante ou Angélica[1] para amantes de prazer; uma de beleza natural, ativa, generosa, não máscula mas viril, por oposição à outra de beleza suave, afetada, delicada, artificial; uma vestida de rapaz, usando um capacete reluzente, a outra vestida como moça, usando uma touca de pérolas. Julgará másculo seu amor se ele escolher diferentemente daquele efeminado pastor da Frígia.[2] Ensinará a ele essa nova lição, de que o preço e a grandeza da verdadeira virtude estão na facilidade, na utilidade e no prazer de seu exercício, tão longe de ser difícil que as crianças a alcançam como os homens, e os simples como os sutis. A moderação é seu instrumento, não a força. Sócrates, seu primeiro favorito, abandona deliberadamente o esforço para deslizar na ingenuidade e facilidade de sua progressão. Ela é a mãe nutriz dos prazeres humanos. Tornando-os justos, torna-os seguros e puros. Moderando-os, mantém-nos com fôlego e apetite. Suprimindo aqueles que recusa, aguça-nos para aqueles que nos deixa; e deixa-nos abundantemente todos aqueles que a natureza concede; e até a saciedade, se não até a lassidão, maternalmente; se porventura não quisermos dizer que é inimiga de nossos prazeres a regra que detém o beberrão antes da embriaguez, o comilão antes da indigestão, o libertino antes da sífilis. Se a ventura comum lhe falta, ela a evita ou dispensa, e forja para si uma outra toda sua, não mais flutuante nem rodante; ela sabe ser rica e poderosa, e sábia, e dormir

---

1. Heroínas do *Orlando furioso*, de Ariosto. (N.T.)
2. O pastor Páris, que preferiu Afrodite a Hera e Atenas. (N.T.)

em colchões perfumados. Ama a vida, ama a beleza, a glória e a saúde. Mas seu ofício próprio e particular é saber usar esses bens com moderação e saber perdê-los com firmeza; ofício bem mais nobre do que árduo, sem o qual todo o curso da vida é desnaturado, desordenado e deformado; podemos justamente associá-lo àqueles obstáculos, àqueles arbustos e àqueles monstros. Se esse discípulo encontrar-se em tão disparatada condição que prefira ouvir uma fábula à narração de uma bela viagem ou uma palavra sábia, quando a entender; se ao som do tambor que estimula o jovem ardor de seus companheiros ele se desviar para um outro que o chama para o jogo dos saltimbancos; se sua vontade não achar mais prazeroso e agradável voltar empoeirado e vitorioso de um combate do que do jogo da pela ou do baile, com o prêmio ganho nesse exercício, não vejo outro remédio que o de fazerem-no pasteleiro em alguma boa cidade, mesmo que seja filho de um duque, seguindo o preceito de Platão de que é preciso estabelecer os filhos não conforme os recursos de seu pai, mas conforme os recursos de suas almas. Dado que a filosofia é aquela que nos ensina a viver, e que a infância, como as outras idades, com ela recebe sua lição, por que não lha transmitimos?

Udum et molle lutum est, nunc nunc properandus, et acri
Fingendus sine fine rota.[1]

Ensinam-nos a viver quando a vida já passou. Cem estudantes contraíram sífilis antes de terem chegado à lição de Aristóteles sobre a temperança. Cícero dizia que mesmo que vivesse a vida de dois homens não perderia

---

1. "A argila é úmida e mole, agora, é agora que é preciso apressar-se e moldá-la na roda sem parar", Pérsio, III, 23-24. (N.E.)

tempo estudando os poetas líricos. Acho essas sutilezas ainda mais tristemente inúteis. Nossa criança é bem mais apressada; deve à instrução escolar apenas os primeiros quinze ou dezesseis anos de sua vida; o restante é devido à ação. Empreguemos esse tempo tão curto em ensinamentos necessários. Retirai todas essa sutilezas espinhosas da dialética, são abusos de que nossa vida não pode se beneficiar, tomai os simples discursos da filosofia, sabei escolhê-los e tratá-los com propriedade, são mais fáceis de compreender do que um conto de Boccaccio. Uma criança é capaz disso logo que deixar a ama de leite, muito mais do que aprender a ler ou escrever. A filosofia tem palavras para o nascimento dos homens, bem como para sua decrepitude. Sou da opinião de Plutarco, de que Aristóteles não ocupou tanto seu grande discípulo com o artifício de compor silogismos, ou com os princípios de geometria, quanto ensinando-lhe os bons preceitos sobre valentia, bravura, magnanimidade e temperança, e a segurança de nada temer; e com essa munição enviou-o ainda criança para subjugar o Império do mundo com apenas trinta mil homens de infantaria, quatro mil cavalos e 42 mil escudos. As outras artes e ciências, dizia ele, Alexandre as honrava bem, e louvava-lhes a excelência e a engenhosidade, mas, apesar do prazer que nelas encontrava, não era de se deixar tomar pela afetação de querer exercê-las.

> *Petite hinc juvenésque senésque*
> *Finem animo certum, miserísque viatica canis.*[1]

É o que dizia Epicuro no começo de sua carta a Meniceu: "Nem o mais jovem se recuse a filosofar, nem o mais

---

1. "Fixai-vos, jovens e velhos, uma regra firme para vosso espírito, um viático para as misérias da idade encanecida", Pérsio, V, 64-65. (N.E.)

velho se canse disso. Quem faz outra coisa parece dizer ou que ainda não é o momento de viver alegremente, ou que já não é mais o momento". Por tudo isso não quero que aprisionem esse rapaz, não quero que o abandonem à cólera e ao humor melancólico de um furioso mestre-escola; não quero corromper seu espírito mantendo-o na tortura e no trabalho, à moda dos outros, catorze ou quinze horas por dia, como um carregador. Tampouco acharei bom quando, por alguma compleição solitária e melancólica, o virem dado a uma aplicação desmesurada ao estudo dos livros, que a encorajem. Isso os torna ineptos ao convívio social e os afasta de melhores ocupações. E quantos homens vi, em meu tempo, embrutecidos por temerária avidez de ciência? Carnéades ficou tão desvairado que não teve mais tempo para cortar a barba e as unhas. Nem quero estragar a nobreza de seus costumes pela incivilidade e barbárie dos outros. A sabedoria francesa antigamente era considerada proverbial, por ser uma sabedoria que começava na hora certa mas tinha pouca constância. Na verdade ainda vemos que não há nada tão nobre como as crianças pequenas na França, mas geralmente elas não correspondem às esperanças suscitadas e, homens feitos, não demonstram excelência alguma. Ouvi dizer por pessoas de entendimento que esses colégios para onde são enviadas, que existem em profusão, embrutecem-nas assim. Para o nosso aluno, um gabinete, um jardim, a mesa e a cama, a solidão, a companhia, a manhã e a tarde, todas as horas lhe serão equivalentes, todos os lugares lhe serão de estudo; pois a filosofia, que como formadora dos julgamentos e costumes será sua principal lição, tem esse privilégio de se imiscuir em tudo. Quando Isócrates, o orador, foi solicitado a falar de sua arte em um festim, todos acharam que teve razão ao responder: "Agora não é o momento daquilo que sei fazer, e aquilo de que agora é o momento, não o sei fazer". Pois apresentar arengas e discussões de retórica a um grupo reunido para rir e bem comer seria misturar coisas de péssima concordância. E o mesmo se poderia dizer de todas as outras ciências; mas, quanto à filosofia, na parte em que trata do homem e de seus deveres e ofícios, foi opinião comum de todos os sábios que, pela suavidade de sua conversação, não devia ser recusada nos festins nem nos jogos. E Platão tendo-a convidado para seu banquete, vemos como ela entretém a assistência de maneira agradável, ajustada à hora e ao local, mesmo com seus temas mais altos e mais salutares.

> *Aequè pauperibus prodest, locupletibus aequè,*
> *Et neglecta aequè pueris senibúsque nocebit.*[1]

Assim, sem dúvida ele descansará menos do que os outros. Mas assim como os passos que damos ao passear por uma galeria, apesar de três vezes mais numerosos, não nos cansam como os que damos em algum trajeto determinado, assim também nossa lição, acontecendo como que por acaso, sem obrigação de tempo e lugar, e mesclando-se a todas as nossa ações, passará sem se fazer sentir. Os próprios jogos e exercícios serão uma boa parte do estudo: a corrida, a luta, a música, a dança, a caça, o manejo dos cavalos e das armas. Quero que a boa conduta externa e a civilidade, e a disposição da personalidade, se moldem junto com a alma. Não é uma alma, não é um corpo que formamos, é um homem, não se deve separá--los. E, como diz Platão, não se deve formar um sem o outro, mas conduzi-los por igual, como uma parelha de cavalos atrelados ao mesmo timão. E, ao ouvi-lo, não

---
1. "Ela é útil igualmente aos pobres e aos ricos e, se a negligenciarem, prejudicará igualmente às crianças e aos velhos", Horácio, *Epístolas*, I, I, 25-26. (N.E.)

parece ele atribuir mais tempo e solicitude aos exercícios do corpo, considerando que o espírito se exercita ao mesmo tempo, e não o contrário? De resto, essa educação deve ser conduzida com uma severa doçura, não como é feita. Em vez de incitar as crianças às letras, só lhes apresentam, na verdade, horror e crueldade; eliminai a violência e a força, não há nada, em minha opinião, que avilte e embruteça tão fortemente uma natureza bem--nascida. Se quereis que ele tema a vergonha e o castigo, não o endureçais a isso; endurecei-o ao suor e ao frio, ao vento, ao sol e aos perigos que ele deve desprezar. Eliminai-lhe toda moleza e delicadeza no vestir e no deitar, no comer e no beber; acostumai-o a tudo; que ele não seja um rapaz belo e adamado, mas um rapaz viçoso e vigoroso. Criança, homem, velho, sempre acreditei e julguei da mesma maneira. Mas, entre outras coisas, essa organização da maioria de nossos colégios sempre me desagradou. Talvez falhassem menos prejudicialmente inclinando-se para a indulgência. São verdadeiras prisões de juventude cativa. Tornam-na depravada punindo-a por isso antes que ela o seja. Chegai lá no momento da lição; ouvireis apenas gritos, das crianças supliciadas e dos mestres inebriados em sua cólera. Será maneira de despertar o apetite pela lição nessas almas tenras e temerosas guiá-las com uma carranca assustadora, as mãos armadas com chicotes? Iníqua e perniciosa forma. Além disso, o que Quintiliano observou muito bem, essa imperiosa autoridade traz consequências perigosas; e especialmente por nossa maneira de castigar. Quão mais decentemente suas aulas ficariam cobertas de flores e folhas do que de pedaços de varas ensanguentadas? Eu ali mandaria pintar a alegria, o júbilo, Flora e as Graças, como fez em sua escola o filósofo Espeusipo. Que ali, onde encontram seu proveito, também encontrem seu prazer. Devemos colocar açúcar nos alimentos saudáveis à criança, e fel nos que lhe são nocivos. É espantoso o quanto Platão se mostra preocupado em suas leis com a alegria e os passatempos da juventude de sua cidade; e o quanto se detém em suas corridas, seus jogos, canções, saltos e danças, cujo comando e patrocínio diz que a Antiguidade deu aos próprios deuses Apolo, as Musas e Minerva. Ele se estende em mil preceitos para seus ginásios. Das ciências letradas ele se ocupa muito pouco, e parece especialmente só recomendar a poesia para a música. Toda bizarria e particularidade em nossos costumes e encargos devem ser evitadas, como inimigas de sociabilidade. Quem não se espantaria com a compleição de Demofonte, mordomo de Alexandre, que suava à sombra e tremia ao sol? Vi uns fugirem do cheiro das maçãs mais que de arcabuzadas; outros se apavorarem com um camundongo; outros vomitarem ao ver creme, outros ao verem remexer um colchão de plumas, como Germânico não podia suportar a visão nem o canto dos galos. Pode haver, porventura, alguma causa oculta para isso, mas em minha opinião quem dela cedo se ocupasse a extinguiria. A educação teve o efeito sobre mim, é verdade que não sem algum cuidado, de que, com exceção da cerveja, meu gosto se acomoda indiferentemente a todas as coisas de que nos alimentamos. Quando o corpo ainda é maleável, devemos por isso adaptá-lo a todas as maneiras e todos os costumes; e desde que se possa manter o apetite e a vontade sob controle, tornemos deliberadamente um jovem adaptado a todas as nações e companhias, inclusive ao desregramento e aos excessos, se necessário for. Que sua conduta siga o costume. Que ele possa fazer todas as coisas, e só goste de fazer as boas. Os próprios filósofos não acham louvável Calístenes ter perdido as boas graças do grande Alexandre, seu senhor, por não querer beber tanto quanto ele. Ele rirá, galhofará, se divertirá com seu príncipe. Quero que no próprio desregramento ele supere em vigor e firmeza seus companheiros, e que não renuncie a fazer o mal por falta de força ou de conhecimento, mas por falta de vontade. *Multum interest, utrum peccare quis nolit, aut nesciat.*[1] Pensei estar honrando a um senhor, o mais afastado desses excessos que exista na França, ao perguntar-lhe, em boa companhia, quantas vezes em sua vida ele tinha se embriagado por necessidade dos negócios do rei na Alemanha; ele assim o entendeu, e respondeu-me que tinham sido três vezes, as quais narrou. Conheço outros que, por falta dessa capacidade, se colocaram em grande dificuldade ao frequentarem essa nação. Muitas vezes constatei com grande admiração a maravilhosa natureza de Alcebíades de se transformar tão facilmente em formas tão diversas, sem prejuízo para sua saúde; superando ora a suntuosidade e a pompa persas, ora a austeridade e a frugalidade lacedemônias; tão austero em Esparta como voluptuoso na Jônia.

Omnis Aristippum decuit color, et status et res.[2]

Assim eu gostaria de formar meu discípulo,

> *quem duplici panno patienta velat,*
> *Mirabor, vitae via si conversa decebit,*
> *Personámque feret non inconcinnus utramque.*[3]

---

1. "Há uma grande distância entre não querer e não saber fazer o mal", Sêneca, *Cartas a Lucílio*, XC, 46. (N.E.)
2. "Qualquer forma de vida convinha a Aristipo, qualquer condição, qualquer fortuna", Horácio, *Epístolas*, I, XVII, 23. (N.E.)
3. "aquele que a resistência cobre com dois trapos de um andrajo, eu o admirarei se essa mudança de vida lhe convém e se ele assume sem discordância esses dois papéis", Horácio, *Epístolas*, I, XVII, 25-26 e 29. (N.E.)

Essas são minhas lições; melhor as aproveita quem as pratica do que quem as sabe. Se vedes, compreendeis; se compreendeis, vedes. Deus não queira, diz alguém em Platão, que filosofar seja aprender várias coisas e tratar das artes. *Hanc amplissimam omnium artium bene vivendi disciplinam, vita magis quàm literis persequuti sunt.*[1] Leão, príncipe dos fliásios, perguntou a Heráclides do Ponto que ciência, que arte ele professava. "Não conheço", respondeu ele, "nem arte, nem ciência, mas sou filósofo." Censurava-se Diógenes por, sendo ignorante, intrometer-se na filosofia. "Intrometo-me", disse ele, "com ainda mais propriedade." Hegésias rogou-lhe que lhe lesse certo livro: "Sois engraçado", respondeu, "escolheis os figos verdadeiros e naturais, não os pintados; por que não escolheis também as atividades naturais, verdadeiras e não escritas?". O aluno não recitará tanto sua lição quanto a praticará. Ele a repetirá em suas ações. Veremos se tem prudência em seus empreendimentos; se há bondade, justiça em sua conduta; se tem discernimento e graça no falar, vigor em suas doenças, modéstia em seus jogos, temperança em suas volúpias, ordem na gestão de seus bens, indiferença em seu gosto, seja carne, peixe, vinho ou água. *Qui disciplinam suam non ostentationem scientiae, sed legem vitae putet: quique obtemperet ipse sibi, et decretis pareat.*[2] O verdadeiro espelho de nossos discursos é o curso de nossas vidas. Zeuxidamo respondeu a alguém que lhe perguntou por que os lacedemônios não redigiam por escrito as regras

---

1. "Saber viver bem, a mais importante de todas as artes, eles aprenderam mais por sua vida do que pelos livros", Cícero, *Tusculanes*, IV, III, 5. (N.E.)
2. "Quem considera seu saber não como a exibição de uma ciência mas uma regra de vida, que portanto se submeta a si mesmo e obedeça a seus próprios princípios", Cícero, *Tusculanes*, II, IV, II. (N.E.)

de bravura e não as davam para seu jovens lerem, que era porque queriam acostumá-los aos fatos, não às palavras. Comparai um deles, ao cabo de quinze ou dezesseis anos, a um desses latinórios de colégio, que terá levado tanto tempo para simplesmente aprender a falar. O mundo é apenas tagarelice, e nunca vi homem que não diga mais, em vez de menos, do que deve; no entanto, metade de nossa vida se vai nisso. Tomam-nos quatro ou cinco anos para entender as palavras e a costurá-las em frases, ainda outro tanto para tornar proporcional um grande conjunto em quatro ou cinco partes, pelo menos outros cinco para aprender rapidamente misturá-las e entrelaçá-las de forma sutil. Deixemos isso para os que expressamente o professam. Indo um dia a Orléans, encontrei naquela planície antes de Cléry dois professores que vinham a Bordeaux, cerca de cinquenta passos um do outro; mais longe, atrás deles, vi um grupo com um mestre à frente, que era o finado senhor conde de La Rochefoucauld. Um de meus homens perguntou ao primeiro dos professores quem era aquele fidalgo que vinha atrás dele; este que não vira o cortejo que o seguia, e que pensava tratar-se de seu companheiro, respondeu gracejando: "Ele não é um fidalgo, é um gramático, e eu sou um lógico". Ora, nós que aqui procuramos, ao contrário, formar não um gramático ou um lógico, mas um fidalgo, deixemo-los perder seu tempo livre; temos o que fazer alhures. Mas estando nosso discípulo bem provido de coisas, as palavras virão mais do que suficientes; ele as puxará, se não quiserem suceder. Ouço alguns que se desculpam por não conseguirem se expressar, e fazem que têm a cabeça cheia de várias belas coisas, mas por falta de eloquência não conseguem pô-las em evidência; é uma tolice. Sabeis, em minha opinião, o que é isso? São ilusões, que lhes vêm de certas concepções disformes, que não conseguem desenredar e esclarecer internamente, nem, por conseguinte, produzir externamente. Eles ainda não se compreendem a si mesmos; vede-os gaguejar no momento de dar à luz, avaliareis que o seu não é um trabalho de parto, mas de concepção, e que não fazem mais do que lamber essa matéria imperfeita. De minha parte afirmo, e Sócrates ordena, que quem tem no espírito uma ideia viva e clara há de expressá-la, seja em bergamasco seja por mímicas, se for mudo.

Verbáque praevisam rem non invita sequentur.[1]

E como dizia aquele tão poeticamente em sua prosa, *cùm res animum occupavere, verba ambiunt.*[2] E aquele outro: *ipsae res verba rapiunt.*[3] Ele não sabe ablativo, subjuntivo, substantivo, nem a gramática; tampouco seu lacaio ou uma vendedora de arenques do Petit Pont; e, no entanto, estes vos entreterão à saciedade, se assim quiserdes, se sem dúvida se embrulharão tão pouco com as regras de sua linguagem quanto o melhor Mestre em Artes da França. Ele não sabe retórica, nem no prefácio captar a benevolência do cândido leitor, e nem lhe importa sabê-lo. Na verdade, toda essa bela pintura facilmente se desvanece ante o brilho de uma verdade simples e natural. Essas gentilezas só servem para distrair o vulgo, incapaz de consumir o alimento mais denso e mais firme; como Afer mostra bem

---

1. "E as palavras seguirão sem dificuldade a coisa bem concebida", Horácio, *Arte poética*, 311. (N.E.)
2. "as palavras estão ali quando a coisa está presente no espírito", Sêneca, o Retórico, *Controvérsias*, III, *proemium*. (N.E.)
3. "as próprias coisas arrastam as palavras", Cícero, *De finibus*, III, V, 19. (N.E.)

claramente em Tácito. Os embaixadores de Samos tinham ido a Cleômenes, rei de Esparta, preparados com um belo e longo discurso, para incitá-lo à guerra contra o tirano Polícrates; depois de deixá-los falar bastante, ele respondeu: "Quanto a vosso começo e exórdio, não me lembro mais dele, nem, por conseguinte, do meio; e quanto à vossa conclusão, nada quero fazer sobre isso". Eis uma bela resposta, parece-me, e arengadores bem embasbacados. E este outro então? Os atenienses precisavam escolher entre dois arquitetos para conduzir uma grande construção; o primeiro, mais afetado, apresentou-se com um belo discurso preparado sobre o assunto daquela tarefa, e granjeava o julgamento do povo a seu favor; mas o outro obteve-o com três palavras: "Senhores atenienses, o que ele disse, eu farei". No auge da eloquência de Cícero, muitos ficavam admirados, mas Catão não fazia mais que rir: "Temos", dizia ele, "um cônsul divertido". Venha antes ou depois, uma máxima útil, uma bela tirada é sempre oportuna. Se não convir com o que vem antes, nem com o que vem depois, convém por si. Não sou desses que pensam que a boa rima faz o bom poema: deixai-o alongar uma sílaba curta, se quiser, isso não importa; se as invenções são agradáveis, se o espírito e o julgamento fizeram bem seu trabalho, eis um poeta, direi, mas um mau versejador.

Emunctae naris, durus componere versus.[1]

Que se faça, diz Horácio, a obra perder todas as costuras e medidas,

---

1. "Compor versos duros, mas com bom faro", Horácio, *Sátiras*, I, IV, 8. (N.E.)

Tempora certa modósque, et quod prius ordine verbum est,
Posterius facias, praeponens, ultima primis,
Invenias etiam disiecti membra poetae,[1]

ela não perderá suas qualidades por isso; os próprios fragmentos serão belos. Foi o que respondeu Menandro quando, chegando o dia para o qual prometera uma comédia na qual ainda não colocara a mão, o censuraram: "Ela está composta e pronta, resta apenas acrescentar os versos". Tendo as coisas e a matéria prontas na alma, ele tinha o restante em pouca conta. Desde que Ronsard e Du Bellay deram crédito à nossa poesia francesa, não vejo aprendiz tão pequeno que não empole as palavras, que não ordene as cadências mais ou menos como eles. *Plus sonat quam valet.*[2] Para o vulgo, nunca houve tantos poetas; mas assim como lhes foi bem fácil imitar os ritmos daqueles, também continuam sem conseguir imitar as ricas descrições de um e as delicadas invenções de outro. Por certo, mas o que fará o aluno se o pressionarem com a sutileza sofisticada de algum silogismo? Presunto faz beber, beber mata a sede, portanto presunto mata a sede. Que ele ria. É mais perspicaz rir do que responder a isso. Que tome de Aristipo essa graciosa contra-astúcia: "Por que desatar o que, atado, já me enreda?". A alguém que apresentava contra Cleanto agudezas dialéticas, Crisipo disse: "Brinca de passes de mágica com as crianças, e não desvies nisso os pensamentos sérios de um homem maduro". Se essas tolas argúcias, *contorta et aculeata*

---

1. "as medidas precisas e os ritmos; e que se ponha no fim a palavra colocada antes, colocando as últimas na frente das primeiras; os membros separados do poeta ainda serão encontrados", Horácio, *Sátiras*, I, IV, 58-59 e 62. (N.E.)

2. "Faz mais barulho do que vale", Sêneca, *Cartas a Lucílio*, XL, 5. (N.E.)

sophismata[1], devem persuadi-lo a uma mentira, isso é perigoso; mas se permanecem sem efeito, e só o levam a rir, não vejo por que deva evitá-las. Há uns tão tolos que se desviam de seu caminho um quarto de légua para correr atrás de uma bonita frase; *aut qui non verba rebus aptant, sed res extrinsecus arcessunt, quibus verba conveniant.*[2] E outros, *qui alicujus verbi decore placentis vocentur ad id quod non proposuerant scribere.*[3] Com muito mais gosto torço uma bela máxima para incorporá-la do que destorço o fio de meu pensamento para ir procurá-la. Ao contrário, cabe às palavras servir e seguir, e que o gascão o faça se o francês não puder prosseguir. Quero que as coisas dominem e preencham a imaginação de quem escuta de tal maneira que não haja nenhuma lembrança das palavras. O falar de que gosto é um falar simples e natural, tanto no papel quanto na boca; um falar suculento e vigoroso, curto e conciso, não tanto delicado e aprimorado como veemente e brusco.

Haec demum sapiet dictio, quae feriet.[4]

Antes difícil que tedioso, longe de afetação; desordenado, descosido e ousado; que cada parte constitua um todo; não pedantesco, não padresco, não advocatício,

---

1. "sofismas tortuosos e espinhosos", Cícero, *Acadêmicas*, II, XXIV. (N.E.)
2. "ou que não adaptam as palavras aos assuntos, mas que procuram assuntos aos quais convir suas palavras", Quintiliano, *Instituição oratória*, VIII, III, 30. (N.E.)
3. "que para colocar uma bonita palavra são atraídos para o que não tinham previsto escrever", Sêneca, *Cartas a Lucílio*, LIX, 5. (N.E.)
4. "A expressão que fere é a boa", epitáfio de Lucano em *Vita Lucani*, recolhido das edições do poeta publicadas no século XVI. (N.E.)

mas antes soldadesco, como Suetônio chama o de Júlio César. E não sei muito bem por que o chama assim. De bom grado imitei esse desregramento que se vê em nossa juventude no porte das roupas. Um manto feito echarpe, a capa sobre um ombro, uma meia mal esticada, que representam uma altivez desdenhosa desses paramentos exteriores e pouco preocupada com artifícios; mas acho-o ainda mais bem empregado na maneira de falar. Toda afetação, especialmente na alegria e na liberdade francesas, é pouco apropriada ao cortesão. E em uma monarquia, todo fidalgo deve ser instruído para ter o porte de um cortesão. Por isso fazemos bem em desviar um pouco para o natural e para o desdenhoso. Não gosto de texturas em que as junções e costuras aparecem, assim como num belo corpo não devemos poder contar os ossos e as veias. *Quae veritati operam dat oratio, incomposita sit et simplex.*[1] *Quis accuratè loquitur, nisi qui vult putide loqui?*[2] A eloquência que nos desvia para si prejudica as coisas. Assim como no vestuário é fraqueza querer se distinguir de alguma maneira particular e inusitada, da mesma forma na linguagem a procura de frases novas e de palavras pouco conhecidas provém de uma ambição escolar e pueril. Possa eu me servir apenas das utilizadas nos mercados de Paris! Aristófanes, o gramático, nada entendia ao criticar em Epicuro a simplicidade de suas palavras e a finalidade de sua arte oratória, que era apenas clareza de linguagem. A imitação do falar, por sua facilidade, toma incontinente todo um povo. A imitação do julgar, do inventar, não vai tão rápido. A maioria dos leitores, por ter en-

---

1. "O discurso que se prende à verdade deve ser simples e sem requinte", Sêneca, *Cartas a Lucílio*, XL, 4. (N.E.)
2. "Quem cuida de seu discurso se não aquele que quer falar com afetação?", Sêneca, *Cartas a Lucílio*, LXXV, 1. (N.E.)

contrado uma capa igual, pensa muito falsamente ter um conteúdo igual. A força e os nervos não se emprestam, os adornos e o manto sim. A maioria dos que me frequentam fala como estes *Ensaios*; mas não sei se pensa da mesma maneira. Os atenienses (diz Platão) têm, de sua parte, preocupação com a abundância e a elegância do falar, os lacedemônios com a brevidade, e os de Creta com a fecundidade das ideias mais do que com a linguagem; estes são os melhores. Zenão dizia que havia dois tipos de discípulos: uns que chamava φιλολόγους, curiosos de aprender as coisas, que eram seus favoritos; os outros, λογοφίλους, que só se preocupavam com a linguagem. Isso não quer dizer que falar bem não seja uma coisa bela e boa, mas que não é tão boa como a fazem, e fico irritado que toda nossa vida seja ocupada nisso. Gostaria de, primeiramente, conhecer bem minha língua e a de meus vizinhos com quem tenho mais relações. O grego e o latim sem dúvida são um belo e grande ornamento, mas pelo qual pagamos caro demais. Direi aqui uma forma de pagar mais barato do que de costume e que foi testada em mim mesmo; sirva-se dela quem quiser. Meu falecido pai, tendo feito todas as buscas que um homem pode fazer, entre as pessoas sábias e cultivadas, de uma forma excelente de educação, foi advertido deste inconveniente, que era corrente: diziam-lhe que essa demora que levávamos para aprender as línguas, que não custavam nada aos antigos gregos e romanos, é a única causa por que não podemos chegar à grandeza de alma e conhecimentos deles. Não creio que essa seja a única causa. Em todo caso, o expediente encontrado por meu pai foi o de, ainda bebê, e antes de soltar minha língua pela primeira vez, confiar-me a um alemão, que depois morreu como médico famoso na França, totalmente ignorante de nossa língua e muito bem versado na latina. Este, que mandara buscar especialmente, e que era muito bem remunerado, me tinha continuamente nos braços. Meu pai também contratara junto com ele dois outros, de menor saber, para me seguir e aliviar o primeiro; estes não conversavam comigo em outra língua que a latina. Quanto ao resto da casa, era uma regra inviolável que nem ele próprio ou minha mãe, nem criado ou camareira, falassem em minha presença a não ser com as palavras de latim que cada um aprendera para conversar comigo. É espantoso o proveito que cada um tirou disso: meu pai e minha mãe aprenderam latim o bastante para compreendê-lo, e adquiriram o suficiente para o utilizarem se necessário, como também fizeram os outros empregados mais ligados ao meu serviço. Em suma, nos latinizamos tanto que transmitimos às aldeias ao redor, onde ainda existem e se enraizaram pelo uso, várias denominações latinas de artesãos e ferramentas. Quanto a mim, eu tinha mais de seis anos antes de compreender mais o francês ou o perigordino do que o árabe; e sem método, sem livro, sem gramática ou preceito, sem chicote e sem lágrimas, tinha aprendido o latim, tão puro quanto meu mestre-escola o sabia, pois eu não tinha como tê-lo misturado ou alterado. Se à guisa de exercício queriam me dar algo para traduzir, à moda dos colégios, aos outros davam em francês, mas a mim precisavam dar em mau latim, para passá-lo para o bom. E Nicolas Grouchy, que escreveu *De comitiis romanorum*, Guillaume Guérente, que comentou Aristóteles, George Buchanan, esse grande poeta escocês, Marc-Antoine Muret (que a França e a Itália reconhecem como o melhor orador da época), meus preceptores domésticos, disseram-me muitas vezes que em minha infância eu tinha essa linguagem tão pronta e tão à mão que temiam me abordar. Buchanan, que depois vi no séquito do falecido sr. marechal de Brissac, disse-me que estava ocupado em escrever sobre a educação das crianças e que usava o exemplo da minha, pois estava então encarregado desse conde de Brissac, que depois vimos tão valoroso e tão bravo. Quanto ao grego, de que não compreendo quase nada, meu pai tencionou que eu o aprendesse por uma técnica. Mas de uma maneira nova, em forma de jogo e exercício; arremessávamos nossas declinações um para o outro, à maneira daqueles que por algum jogo de tabuleiro aprendem aritmética e geometria. Pois entre outras coisas ele tinha sido aconselhado a me fazer apreciar a ciência e o dever, por uma vontade não forçada e por meu próprio desejo; e a educar minha alma com toda a doçura e liberdade, sem rigor e coação. Chegando a tal superstição que, porque alguns dizem que perturba o tenro cérebro das crianças acordá-las pela manhã em sobressalto e arrancá-las do sono (no qual estão mergulhadas muito mais do que nós) de repente e com violência, ele fazia com que me despertassem ao som de algum instrumento, e nunca fiquei sem alguém que assim me servisse. Esse exemplo bastará para julgar o resto, e também para valorizar a sabedoria e a afeição de um pai tão bom, a quem não se deve culpar se não colheu nenhum fruto correspondente a cultura tão notável. Duas coisas foram a causa disso: primeiro, o terreno estéril e impróprio. Pois embora eu tivesse a saúde firme e intacta, e ao mesmo tempo uma natureza doce e afável, eu era em meio a isso tão pesado, mole e indolente que não conseguiam arrancar-me da ociosidade, salvo para me fazer brincar. O que eu via, via bem; e sob essa compleição pesada nutria ideias ousadas e opiniões acima de minha idade. O espírito, eu o tinha lento, e que só ia até onde o levavam; a compreensão, tardia; a imaginação, frouxa; e, por fim, uma incrível falta de memória. Não espanta que de tudo isso ele não tenha sabido tirar algo que valha. Em segundo lugar, assim como aqueles que estão apressados por um furioso desejo de cura se deixam levar por todo tipo de conselho, o bom homem, tendo um medo extremo de falhar em coisa que tomara tão a peito, deixou-se por fim levar pela opinião comum, que sempre segue os que vão na frente, como os grous, e alinhou-se ao costume, não tendo mais à sua volta aqueles que lhe tinham dado aquelas primeiras instruções, que ele trouxera da Itália; e enviou-me, por volta dos meus seis anos, para o colégio de Guyenne, então muito próspero e o melhor da França. E mesmo lá não é possível acrescentar nada ao cuidado que teve ao escolher-me preceptores privados competentes, e em todas as outras circunstâncias de minha educação, na qual manteve vários métodos particulares contrários ao uso dos colégios; mas, em todo caso, ainda era um colégio. Meu latim se deteriorou imediatamente, e dele perdi todo o uso depois disso, por falta de prática. E essa minha educação inabitual só serviu para me fazer pular, de saída, as primeiras turmas; pois aos treze anos, quando saí do colégio, tinha concluído meu curso (como o chamam) e, na verdade, sem nenhum proveito que eu agora possa levar em conta. O primeiro gosto que tive pelos livros veio-me do prazer das fábulas da *Metamorfose* de Ovídio. Pois por volta dos sete ou oito anos eu me furtava de qualquer outro prazer para lê-las, visto ser essa minha língua materna e esse o livro mais fácil que eu conhecia, e o mais adaptado à minha pouca idade, devido ao assunto; pois dos *Lancelot du Lac*, *Amadis*, *Huon de Bordeaux* e tais barafundas de livros com que a infância se distrai, eu não conhecia nem sequer o nome, nem conheço ainda o conteúdo, tão estrita era minha disciplina. Tornava-me mais negligente com o estudo de minhas outras lições prescritas. Nesse momento, aconteceu-me de maneira singularmente oportuna deparar com um homem inteligente como preceptor, que soube com destreza tolerar esse meu desregramento e outros parecidos. Pois com isso devorei em sequência Virgílio na *Eneida*, e depois Terêncio, e depois Plauto, e comédias italianas, sempre seduzido pela brandura do tema. Se ele tivesse sido tão louco para romper esse ritmo, estimo que eu teria trazido do colégio apenas o ódio aos livros, como faz quase toda a nossa nobreza. Ele se portou engenhosamente, fazendo de conta que nada via; aguçava minha fome, só me deixando saborear esses livros às escondidas, e mantendo-me suavemente em débito nos outros estudos regulares. Pois as principais qualidades que meu pai buscava naqueles a cujos cuidados me entregava eram a benevolência e a facilidade no temperamento. Assim, o meu não tinha outro vício que o da languidez e o da preguiça. O perigo não era que eu fizesse mal, mas que eu não fizesse nada. Ninguém prognosticava que eu devesse me tornar mau, mas sim inútil; previam indolência, não maldade. Sinto que aconteceu isso mesmo. As queixas que me zumbem os ouvidos são estas: "Ele é ocioso, frio nos deveres de amizade e de parentesco; e nos deveres públicos, é pessoal demais, desdenhoso demais". Mesmo os mais injuriosos não dizem "Por que tomou, por que não pagou", mas "Por que não desobrigou, por que não dá?". Eu reconheceria como um favor se só desejassem de mim tais ações que excedem minhas obrigações. Mas são injustos ao exigir o que não devo, muito mais rigorosamente do que exigem de si mesmos o que devem. Condenando-me, apagam a benemerência da ação e a gratidão que me seria devida; enquanto o benfazer ativo deveria pesar mais por ser de minha mão, considerando que não tenho no passivo nada que seja. Posso tanto mais livremente dispor de minha fortuna quanto mais ela é minha; e de mim, quanto mais sou meu. Todavia, se eu desse grandes cores às minhas ações, talvez refutasse bastante essas críticas; e a alguns ensinaria que não estão tão ofendidos por eu não fazer o suficiente quanto por eu poder fazer muito mais do que faço. No entanto, ao mesmo tempo minha alma não deixava de ter interiormente movimentos firmes e julgamentos seguros e abertos sobre os objetos que conhecia; e digeria-os sozinha, sem comunicá-los a ninguém. E entre outras coisas creio, na verdade, que ela teria sido totalmente incapaz de se render à força e à violência. Levava eu em conta essa faculdade de minha infância, uma segurança no semblante, uma suavidade na voz e no gesto, ao dedicar-me aos papéis que desempenhava? Pois, antes da idade,

Alter ab undecimo tum me vix ceperat annus,[1]

representei os principais personagens em tragédias latinas de Buchanan, Guérente e Muret, que foram dignamente encenadas em nosso colégio de Guyenne. Nisso, Andreas Goveanus, nosso diretor, como em todas as outras atribuições de seu cargo, foi sem comparação o maior diretor da França; e consideravam-me mestre artesão. Esse é um exercício que não desaconselho aos jovens filhos de boas famílias; e desde então vi nossos príncipes se dedicarem a ele, em pessoa, a exemplo de alguns dos antigos, honrada e louvavelmente. Era permitido até mesmo às pessoas nobres fazer disso sua profissão e, na

---

[1]. "Eu tinha recém-chegado ao meu décimo segundo ano", Virgílio, *Bucólicas*, VIII, 39. (N.E.)

Grécia, *Aristoni tragico actori rem aperit: huic et genus et fortuna honesta erant: nec ars quia nihil tale apud Graecos pudori est, ea deformabat.*[1] Pois sempre acusei de despropósito aqueles que condenam esses divertimentos; e de injustiça aqueles que recusam a entrada em nossas boas cidades dos comediantes de valor e negam ao povo esses prazeres públicos. Os bons governos têm o cuidado de unir os cidadãos e congregá-los também nos exercícios e jogos, como nos ofícios sérios da devoção; a sociabilidade e a amizade aumentam, e, além disso, seria impossível conceder-lhes passatempos mais regrados do que os que ocorrem na presença de todos, e mesmo à vista do magistrado; e acharia razoável que o príncipe, às suas custas, algumas vezes assim gratificasse a população, por uma afeição e bondade como que paternais; e que nas cidades populosas houvesse locais destinados e preparados para esses espetáculos: maneira de desviar de ações piores e ocultas. Para voltar a meu tema, não há nada como aliciar o apetite e a afeição; de outro modo, apenas são formados burros carregados de livros; confiam-lhes, a chicotadas, uma pequena bolsa cheia de ciência. A qual, para fazer bem, não deve somente ser guardada em casa; ela deve ser desposada.

---

1. "Assim foi como o ator trágico Ariston; este era de um nascimento e de uma fortuna eminentes, que não aviltara sua arte, considerada pelos gregos como nada menos do que desonrosa", Tito Lívio, XXIV, XXIV, 2-3. (N.E.)

Coleção L&PM POCKET

1000. **Diários de Andy Warhol (1)** – Editado por Pat Hackett
1001. **Diários de Andy Warhol (2)** – Editado por Pat Hackett
1002. **Cartier-Bresson: o olhar do século** – Pierre Assouline
1003. **As melhores histórias da mitologia: vol. 1** – A.S. Franchini e Carmen Seganfredo
1004. **As melhores histórias da mitologia: vol. 2** – A.S. Franchini e Carmen Seganfredo
1005. **Assassinato no beco** – Agatha Christie
1006. **Convite para um homicídio** – Agatha Christie
1008. **História da vida** – Michael J. Benton
1009. **Jung** – Anthony Stevens
1010. **Arsène Lupin, ladrão de casaca** – Maurice Leblanc
1011. **Dublinenses** – James Joyce
1012. **120 tirinhas da Turma da Mônica** – Mauricio de Sousa
1013. **Antologia poética** – Fernando Pessoa
1014. **A aventura de um cliente ilustre** *seguido de* **O último adeus de Sherlock Holmes** – Sir Arthur Conan Doyle
1015. **Cenas de Nova York** – Jack Kerouac
1016. **A corista** – Anton Tchékhov
1017. **O diabo** – Leon Tolstói
1018. **Fábulas chinesas** – Sérgio Capparelli e Márcia Schmaltz
1019. **O gato do Brasil** – Sir Arthur Conan Doyle
1020. **Missa do Galo** – Machado de Assis
1021. **O mistério de Marie Rogêt** – Edgar Allan Poe
1022. **A mulher mais linda da cidade** – Bukowski
1023. **O retrato** – Nicolai Gogol
1024. **O conflito** – Agatha Christie
1025. **Os primeiros casos de Poirot** – Agatha Christie
1027. (25). **Beethoven** – Bernard Fauconnier
1028. **Platão** – Julia Annas
1029. **Cleo e Daniel** – Roberto Freire
1030. **Til** – José de Alencar
1031. **Viagens na minha terra** – Almeida Garrett
1032. **Profissões para mulheres e outros artigos feministas** – Virginia Woolf
1033. **Mrs. Dalloway** – Virginia Woolf
1034. **O cão da morte** – Agatha Christie
1035. **Tragédia em três atos** – Agatha Christie
1037. **O fantasma da Ópera** – Gaston Leroux
1038. **Evolução** – Brian e Deborah Charlesworth
1039. **Medida por medida** – Shakespeare
1040. **Razão e sentimento** – Jane Austen
1041. **A obra-prima ignorada** *seguido de* **Um episódio durante o Terror** – Balzac
1042. **A fugitiva** – Anaïs Nin
1043. **As grandes histórias da mitologia greco-romana** – A. S. Franchini
1044. **O corno de si mesmo & outras historietas** – Marquês de Sade
1045. **Da felicidade** *seguido de* **Da vida retirada** – Sêneca
1046. **O horror em Red Hook e outras histórias** – H. P. Lovecraft
1047. **Noite em claro** – Martha Medeiros
1048. **Poemas clássicos chineses** – Li Bai, Du Fu e Wang Wei
1049. **A terceira moça** – Agatha Christie
1050. **Um destino ignorado** – Agatha Christie
1051. (26). **Buda** – Sophie Royer
1052. **Guerra Fria** – Robert J. McMahon
1053. **Simons's Cat: as aventuras de um gato travesso e comilão – vol. 1** – Simon Tofield
1054. **Simons's Cat: as aventuras de um gato travesso e comilão – vol. 2** – Simon Tofield
1055. **Só as mulheres e as baratas sobreviverão** – Claudia Tajes
1057. **Pré-história** – Chris Gosden
1058. **Pintou sujeira!** – Mauricio de Sousa
1059. **Contos de Mamãe Gansa** – Charles Perrault
1060. **A interpretação dos sonhos: vol. 1** – Freud
1061. **A interpretação dos sonhos: vol. 2** – Freud
1062. **Frufru Rataplã Dolores** – Dalton Trevisan
1063. **As melhores histórias da mitologia egípcia** – Carmem Seganfredo e A.S. Franchini
1064. **Infância. Adolescência. Juventude** – Tolstói
1065. **As consolações da filosofia** – Alain de Botton
1066. **Diários de Jack Kerouac – 1947-1954**
1067. **Revolução Francesa – vol. 1** – Max Gallo
1068. **Revolução Francesa – vol. 2** – Max Gallo
1069. **O detetive Parker Pyne** – Agatha Christie
1070. **Memórias do esquecimento** – Flávio Tavares
1071. **Drogas** – Leslie Iversen
1072. **Manual de ecologia (vol.2)** – J. Lutzenberger
1073. **Como andar no labirinto** – Affonso Romano de Sant'Anna
1074. **A orquídea e o serial killer** – Juremir Machado da Silva
1075. **Amor nos tempos de fúria** – Lawrence Ferlinghetti
1076. **A aventura do pudim de Natal** – Agatha Christie
1078. **Amores que matam** – Patricia Faur
1079. **Histórias de pescador** – Mauricio de Sousa
1080. **Pedaços de um caderno manchado de vinho** – Bukowski
1081. **A ferro e fogo: tempo de solidão (vol.1)** – Josué Guimarães
1082. **A ferro e fogo: tempo de guerra (vol.2)** – Josué Guimarães
1084. (17). **Desembarcando o Alzheimer** – Dr. Fernando Lucchese e Dra. Ana Hartmann
1085. **A maldição do espelho** – Agatha Christie
1086. **Uma breve história da filosofia** – Nigel Warburton
1088. **Heróis da História** – Will Durant
1089. **Concerto campestre** – L. A. de Assis Brasil

1090. **Morte nas nuvens** – Agatha Christie
1092. **Aventura em Bagdá** – Agatha Christie
1093. **O cavalo amarelo** – Agatha Christie
1094. **O método de interpretação dos sonhos** – Freud
1095. **Sonetos de amor e desamor** – Vários
1096. **120 tirinhas do Dilbert** – Scott Adams
1097. **200 fábulas de Esopo**
1098. **O curioso caso de Benjamin Button** – F. Scott Fitzgerald
1099. **Piadas para sempre: uma antologia para morrer de rir** – Visconde da Casa Verde
1100. **Hamlet (Mangá)** – Shakespeare
1101. **A arte da guerra (Mangá)** – Sun Tzu
1104. **As melhores histórias da Bíblia (vol.1)** – A. S. Franchini e Carmen Seganfredo
1105. **As melhores histórias da Bíblia (vol.2)** – A. S. Franchini e Carmen Seganfredo
1106. **Psicologia das massas e análise do eu** – Freud
1107. **Guerra Civil Espanhola** – Helen Graham
1108. **A autoestrada do sul e outras histórias** – Julio Cortázar
1109. **O mistério dos sete relógios** – Agatha Christie
1110. **Peanuts: Ninguém gosta de mim... (amor)** – Charles Schulz
1111. **Cadê o bolo?** – Mauricio de Sousa
1112. **O filósofo ignorante** – Voltaire
1113. **Totem e tabu** – Freud
1114. **Filosofia pré-socrática** – Catherine Osborne
1115. **Desejo de status** – Alain de Botton
1118. **Passageiro para Frankfurt** – Agatha Christie
1120. **Kill All Enemies** – Melvin Burgess
1121. **A morte da sra. McGinty** – Agatha Christie
1122. **Revolução Russa** – S. A. Smith
1123. **Até você, Capitu?** – Dalton Trevisan
1124. **O grande Gatsby (Mangá)** – F. S. Fitzgerald
1125. **Assim falou Zaratustra (Mangá)** – Nietzsche
1126. **Peanuts: É para isso que servem os amigos (amizade)** – Charles Schulz
1127.(27). **Nietzsche** – Dorian Astor
1128. **Bidu: Hora do banho** – Mauricio de Sousa
1129. **O melhor do Macanudo Taurino** – Santiago
1130. **Radicci 30 anos** – Iotti
1131. **Show de sabores** – J.A. Pinheiro Machado
1132. **O prazer das palavras** – vol. 3 – Cláudio Moreno
1133. **Morte na praia** – Agatha Christie
1134. **O fardo** – Agatha Christie
1135. **Manifesto do Partido Comunista (Mangá)** – Marx & Engels
1136. **A metamorfose (Mangá)** – Franz Kafka
1137. **Por que você não se casou... ainda** – Tracy McMillan
1138. **Textos autobiográficos** – Bukowski
1139. **A importância de ser prudente** – Oscar Wilde
1140. **Sobre a vontade na natureza** – Arthur Schopenhauer
1141. **Dilbert (8)** – Scott Adams
1142. **Entre dois amores** – Agatha Christie
1143. **Cipreste triste** – Agatha Christie
1144. **Alguém viu uma assombração?** – Mauricio de Sousa
1145. **Mandela** – Elleke Boehmer
1146. **Retrato do artista quando jovem** – James Joyce
1147. **Zadig ou o destino** – Voltaire
1148. **O contrato social (Mangá)** – J.-J. Rousseau
1149. **Garfield fenomenal** – Jim Davis
1150. **A queda da América** – Allen Ginsberg
1151. **Música na noite & outros ensaios** – Aldous Huxley
1152. **Poesias inéditas & Poemas dramáticos** – Fernando Pessoa
1153. **Peanuts: Felicidade é...** – Charles M. Schulz
1154. **Mate-me por favor** – Legs McNeil e Gillian McCain
1155. **Assassinato no Expresso Oriente** – Agatha Christie
1156. **Um punhado de centeio** – Agatha Christie
1157. **A interpretação dos sonhos (Mangá)** – Freud
1158. **Peanuts: Você não entende o sentido da vida** – Charles M. Schulz
1159. **A dinastia Rothschild** – Herbert R. Lottman
1160. **A Mansão Hollow** – Agatha Christie
1161. **Nas montanhas da loucura** – H.P. Lovecraft
1162.(28). **Napoleão Bonaparte** – Pascale Fautrier
1163. **Um corpo na biblioteca** – Agatha Christie
1164. **Inovação** – Mark Dodgson e David Gann
1165. **O que toda mulher deve saber sobre os homens: a afetividade masculina** – Walter Riso
1166. **O amor está no ar** – Mauricio de Sousa
1167. **Testemunha de acusação & outras histórias** – Agatha Christie
1168. **Etiqueta de bolso** – Celia Ribeiro
1169. **Poesia reunida (volume 3)** – Affonso Romano de Sant'Anna
1170. **Emma** – Jane Austen
1171. **Que seja em segredo** – Ana Miranda
1172. **Garfield sem apetite** – Jim Davis
1173. **Garfield: Foi mal...** – Jim Davis
1174. **Os irmãos Karamázov (Mangá)** – Dostoiévski
1175. **O Pequeno Príncipe** – Antoine de Saint-Exupéry
1176. **Peanuts: Ninguém mais tem o espírito aventureiro** – Charles M. Schulz
1177. **Assim falou Zaratustra** – Nietzsche
1178. **Morte no Nilo** – Agatha Christie
1179. **Ê, soneca boa** – Mauricio de Sousa
1180. **Garfield a todo o vapor** – Jim Davis
1181. **Em busca do tempo perdido (Mangá)** – Proust
1182. **Cai o pano: o último caso de Poirot** – Agatha Christie
1183. **Livro para colorir e relaxar** – Livro 1
1184. **Para colorir sem parar**
1185. **Os elefantes não esquecem** – Agatha Christie
1186. **Teoria da relatividade** – Albert Einstein
1187. **Compêndio da psicanálise** – Freud
1188. **Visões de Gerard** – Jack Kerouac
1189. **Fim de verão** – Mohiro Kitoh
1190. **Procurando diversão** – Mauricio de Sousa
1191. **E não sobrou nenhum e outras peças** – Agatha Christie
1192. **Ansiedade** – Daniel Freeman & Jason Freeman

1193. **Garfield: pausa para o almoço** – Jim Davis
1194. **Contos do dia e da noite** – Guy de Maupassant
1195. **O melhor de Hagar 7** – Dik Browne
1196(29). **Lou Andreas-Salomé** – Dorian Astor
1197(30). **Pasolini** – René de Ceccatty
1198. **O caso do Hotel Bertram** – Agatha Christie
1199. **Crônicas de motel** – Sam Shepard
1200. **Pequena filosofia da paz interior** – Catherine Rambert
1201. **Os sertões** – Euclides da Cunha
1202. **Treze à mesa** – Agatha Christie
1203. **Bíblia** – John Riches
1204. **Anjos** – David Albert Jones
1205. **As tirinhas do Guri de Uruguaiana 1** – Jair Kobe
1206. **Entre aspas (vol.1)** – Fernando Eichenberg
1207. **Escrita** – Andrew Robinson
1208. **O spleen de Paris: pequenos poemas em prosa** – Charles Baudelaire
1209. **Satíricon** – Petrônio
1210. **O avarento** – Molière
1211. **Queimando na água, afogando-se na chama** – Bukowski
1212. **Miscelânea septuagenária: contos e poemas** – Bukowski
1213. **Que filosofar é aprender a morrer e outros ensaios** – Montaigne
1214. **Da amizade e outros ensaios** – Montaigne
1215. **O medo à espreita e outras histórias** – H.P. Lovecraft
1216. **A obra de arte na era de sua reprodutibilidade técnica** – Walter Benjamin
1217. **Sobre a liberdade** – John Stuart Mill
1218. **O segredo de Chimneys** – Agatha Christie
1219. **Morte na rua Hickory** – Agatha Christie
1220. **Ulisses (Mangá)** – James Joyce
1221. **Ateísmo** – Julian Baggini
1222. **Os melhores contos de Katherine Mansfield** – Katherine Mansfield
1223(31). **Martin Luther King** – Alain Foix
1224. **Millôr Definitivo: uma antologia de *A Bíblia do Caos*** – Millôr Fernandes
1225. **O Clube das Terças-Feiras e outras histórias** – Agatha Christie
1226. **Por que sou tão sábio** – Nietzsche
1227. **Sobre a mentira** – Platão
1228. **Sobre a leitura *seguido do* Depoimento de Céleste Albaret** – Proust
1229. **O homem do terno marrom** – Agatha Christie
1230(32). **Jimi Hendrix** – Franck Médioni
1231. **Amor e amizade e outras histórias** – Jane Austen
1232. **Lady Susan, Os Watson e Sanditon** – Jane Austen
1233. **Uma breve história da ciência** – William Bynum
1234. **Macunaíma: o herói sem nenhum caráter** – Mário de Andrade
1235. **A máquina do tempo** – H.G. Wells
1236. **O homem invisível** – H.G. Wells
1237. **Os 36 estratagemas: manual secreto da arte da guerra** – Anônimo
1238. **A mina de ouro e outras histórias** – Agatha Christie
1239. **Pic** – Jack Kerouac
1240. **O habitante da escuridão e outros contos** – H.P. Lovecraft
1241. **O chamado de Cthulhu e outros contos** – H.P. Lovecraft
1242. **O melhor de Meu reino por um cavalo!** – Edição de Ivan Pinheiro Machado
1243. **A guerra dos mundos** – H.G. Wells
1244. **O caso da criada perfeita e outras histórias** – Agatha Christie
1245. **Morte por afogamento e outras histórias** – Agatha Christie
1246. **Assassinato no Comitê Central** – Manuel Vázquez Montalbán
1247. **O papai é pop** – Marcos Piangers
1248. **O papai é pop 2** – Marcos Piangers
1249. **A mamãe é rock** – Ana Cardoso
1250. **Paris boêmia** – Dan Franck
1251. **Paris libertária** – Dan Franck
1252. **Paris ocupada** – Dan Franck
1253. **Uma anedota infame** – Dostoiévski
1254. **O último dia de um condenado** – Victor Hugo
1255. **Nem só de caviar vive o homem** – J.M. Simmel
1256. **Amanhã é outro dia** – J.M. Simmel
1257. **Mulherzinhas** – Louisa May Alcott
1258. **Reforma Protestante** – Peter Marshall
1259. **História econômica global** – Robert C. Allen
1260(33). **Che Guevara** – Alain Foix
1261. **Câncer** – Nicholas James
1262. **Akhenaton** – Agatha Christie
1263. **Aforismos para a sabedoria de vida** – Arthur Schopenhauer
1264. **Uma história do mundo** – David Coimbra
1265. **Ame e não sofra** – Walter Riso
1266. **Desapegue-se!** – Walter Riso
1267. **Os Sousa: Uma família do barulho** – Mauricio de Sousa
1268. **Nico Demo: O rei da travessura** – Mauricio de Sousa
1269. **Testemunha de acusação e outras peças** – Agatha Christie
1270(34). **Dostoiévski** – Virgil Tanase
1271. **O melhor de Hagar 8** – Dik Browne
1272. **O melhor de Hagar 9** – Dik Browne
1273. **O melhor de Hagar 10** – Dik e Chris Browne
1274. **Considerações sobre o governo representativo** – John Stuart Mill
1275. **O homem Moisés e a religião monoteísta** – Freud
1276. **Inibição, sintoma e medo** – Freud
1277. **Além do princípio de prazer** – Freud
1278. **O direito de dizer não!** – Walter Riso

1279. A arte de ser flexível – Walter Riso
1280. Casados e descasados – August Strindberg
1281. Da Terra à Lua – Júlio Verne
1282. Minhas galerias e meus pintores – Kahnweiler
1283. A arte do romance – Virginia Woolf
1284. Teatro completo v. 1: As aves da noite *seguido de* O visitante – Hilda Hilst
1285. Teatro completo v. 2: O verdugo *seguido de* A morte do patriarca – Hilda Hilst
1286. Teatro completo v. 3: O rato no muro *seguido de* Auto da barca de Camiri – Hilda Hilst
1287. Teatro completo v. 4: A empresa *seguido de* O novo sistema – Hilda Hilst
1289. Fora de mim – Martha Medeiros
1290. Divã – Martha Medeiros
1291. Sobre a genealogia da moral: um escrito polêmico – Nietzsche
1292. A consciência de Zeno – Italo Svevo
1293. Células-tronco – Jonathan Slack
1294. O fim do ciúme e outros contos – Proust
1295. A jangada – Júlio Verne
1296. A ilha do dr. Moreau – H.G. Wells
1297. Ninho de fidalgos – Ivan Turguêniev
1298. Jane Eyre – Charlotte Brontë
1299. Sobre gatos – Bukowski
1300. Sobre o amor – Bukowski
1301. Escrever para não enlouquecer – Bukowski
1302. 222 receitas – J. A. Pinheiro Machado
1303. Reinações de Narizinho – Monteiro Lobato
1304. O Saci – Monteiro Lobato
1305. Memórias da Emília – Monteiro Lobato
1306. O Picapau Amarelo – Monteiro Lobato
1307. A reforma da Natureza – Monteiro Lobato
1308. Fábulas *seguido de* Histórias diversas – Monteiro Lobato
1309. Aventuras de Hans Staden – Monteiro Lobato
1310. Peter Pan – Monteiro Lobato
1311. Dom Quixote das crianças – Monteiro Lobato
1312. O Minotauro – Monteiro Lobato
1313. Um quarto só seu – Virginia Woolf
1314. Sonetos – Shakespeare
1315(35). Thoreau – Marie Berthoumieu e Laura El Makki
1316. Teoria da arte – Cynthia Freeland
1317. A arte da prudência – Baltasar Gracián
1318. O louco *seguido de* Areia e espuma – Khalil Gibran
1319. O profeta *seguido de* O jardim do profeta – Khalil Gibran
1320. Jesus, o Filho do Homem – Khalil Gibran
1321. A luta – Norman Mailer
1322. Sobre o sofrimento do mundo e outros ensaios – Schopenhauer
1323. Epidemiologia – Rodolfo Sacacci
1324. Japão moderno – Christopher Goto-Jones
1325. A arte da meditação – Matthieu Ricard
1326. O adversário secreto – Agatha Christie
1327. Pollyanna – Eleanor H. Porter
1328. Espelhos – Eduardo Galeano
1329. A Vênus das peles – Sacher-Masoch
1330. O 18 de brumário de Luís Bonaparte – Karl Marx
1331. Um jogo para os vivos – Patricia Highsmith
1332. A tristeza pode esperar – J.J. Camargo
1333. Vinte poemas de amor e uma canção desesperada – Pablo Neruda
1334. Judaísmo – Norman Solomon
1335. Esquizofrenia – Christopher Frith & Eve Johnstone
1336. Seis personagens em busca de um autor – Luigi Pirandello
1337. A Fazenda dos Animais – George Orwell
1338. 1984 – George Orwell
1339. Ubu Rei – Alfred Jarry
1340. Sobre bêbados e bebidas – Bukowski
1341. Tempestade para os vivos e para os mortos – Bukowski
1342. Complicado – Natsume Ono
1343. Sobre o livre-arbítrio – Schopenhauer
1344. Uma breve história da literatura – John Sutherland
1345. Você fica tão sozinho às vezes que até faz sentido – Bukowski
1346. Um apartamento em Paris – Guillaume Musso
1347. Receitas fáceis e saborosas – José Antonio Pinheiro Machado
1348. Por que engordamos – Gary Taubes
1349. A fabulosa história do hospital – Jean-Noël Fabiani
1350. Voo noturno *seguido de* Terra dos homens – Antoine de Saint-Exupéry
1351. Doutor Sax – Jack Kerouac
1352. O livro do Tao e da virtude – Lao-Tsé
1353. Pista negra – Antonio Manzini
1354. A chave de vidro – Dashiell Hammett
1355. Martin Eden – Jack London
1356. Já te disse adeus, e agora, como te esqueço? – Walter Riso
1357. A viagem do descobrimento – Eduardo Bueno
1358. Náufragos, traficantes e degredados – Eduardo Bueno
1359. Retrato do Brasil – Paulo Prado
1360. Maravilhosamente imperfeito, escandalosamente feliz – Walter Riso
1361. É... – Millôr Fernandes
1362. Duas tábuas e uma paixão – Millôr Fernandes
1363. Selma e Sinatra – Martha Medeiros
1364. Tudo que eu queria te dizer – Martha Medeiros
1365. Várias histórias – Machado de Assis
1366. A sabedoria do Padre Brown – G. K. Chesterton
1367. Capitães do Brasil – Eduardo Bueno
1368. O falcão maltês – Dashiell Hammett
1369. A arte de estar com a razão – Arthur Schopenhauer
1370. A visão dos vencidos – Miguel León-Portilla

lepmeditores
www.lpm.com.br
o site que conta tudo

IMPRESSÃO:

PALLOTTI
GRÁFICA

Santa Maria - RS | Fone: (55) 3220.4500
www.graficapallotti.com.br